솔직하고 친절하게
중학생의 말 공부

중학생의 말 공부: 솔직하고 친절하게
ⓒ 박미자 2024

초판 1쇄	2024년 10월 11일		
초판 2쇄	2025년 3월 7일		

지은이　박미자

출판책임	박성규	펴낸이	이정원
편집주간	선우미정	펴낸곳	도서출판 들녘
기획이사	이지윤	등록일자	1987년 12월 12일
본문 디자인	전영진	등록번호	10-156
편집	이동하·이수연·김혜민	주소	경기도 파주시 회동길 198
마케팅	전병우	전화	031-955-7374 (대표)
경영지원	김은주·나수정		031-955-7381 (편집)
제작관리	구법모	팩스	031-955-7393
물류관리	엄철용	이메일	dulnyouk@dulnyouk.co.kr

ISBN　979-11-5925-886-2(03190)

솔직하고 친절하게 중학생의 말 공부

박미자 지음

들녘

안녕? 청소년 여러분!

저는 청소년을 사랑하는 청소년 연구자입니다. 말하기·듣기 분야에 관심이 많은 국어 교사였는데, 지금은 청소년들이 행복하게 성장할 수 있도록 교육정책을 연구하면서 부모님과 선생님들께 청소년과 소통하는 방법들을 함께 나누고 탐구하고 있습니다.

몇 년 전부터 청소년을 더 깊이 이해하기 위해 소통과 대화법 중심으로 교육하는 일들이 많아졌습니다. 청소년 여러분을 대상으로요. 덕분에 청소년들의 생생한 목소리에 귀를 기울이며 연구할 수 있었는데요, 그 과정에서 한 가지 중요한 사실을 알게 되었습니다.

청소년들이 부모님과 선생님을 통해서 대화법을 배울 수도 있지만, 청소년 시기가 놀랍게 성장하는 시기인 만큼, 소통과 대화법을 직접 배우는 것이 효과적이라는 점이었습니다. 청소년 여러분은 무엇이든 매우 빠르게 배우는 시기를 지나고 있잖아요. 또 이렇게 대화법을 직접 배우면 친구나 부모님과의 사이에서 주체적으로 관계를 이끄는 사람이 될 수 있습니다.

요즘은 인간관계에 관심이 많고 좋은 대화법을 배우고 싶어 하는 청소년들이 많습니다. 청소년들은 저에게 "어떻게 말해야 할지 모르겠어요." "상황에 따른 대화법을 배우면 좋겠어요."라고 말했습니다. 자신의 생각과 다르게 거친 말이 튀어나올 때 본인도 당황스럽다는 것, 사과하고 다시 잘 지내고 싶은데 어떻게 말해야 할지 답답했다는 청소년들의 이야기를 들으며 도움이 되고 싶었습니다.

인공 지능 시대, 실시간으로 세계적인 정보와 소식들이 공유되는 변화의 시대에 인공 지능에 대한 관심과 함께 미래 교육에 대한 관심도 높아지고 있습니다. 그런데 아무리 스마트폰에서 수많은 정보와 게임을 만나도 친구와 눈빛이 통하고 친구가 진심으로 응원해주었을 때의 행복과는 비교할 수가 없지요. 친구와 가족들이 내 마음을 알아주고 대화가 잘 통할 때 우리는 행복을 느낍니다. 인간의 행복은 다른 인간과의 만남을 통해서 채워진다는 말이 맞는 것 같습니다.

이 책은 인간이 서로 만나고 연결되는 대화법을 소개합니다. 친구나 가족들과 만나서 이야기를 나누어도 마음이 연결되지 않고 막히면 답답하고 외롭거든요. 그래서 상황별로 대화법의 사례들을 살펴봅니다. 내 생각 중심으로 보는 대화의 사례를 소개하고, 상대방의 마음을 배려하는 대화의 사례를 소개합니다. 때로는 솔직하고 친절하게 내 마음을 표현해야 할 상황에 따른 사례도 소개합니다. 그리고 우리 생활에서 자주 만나는 사람들과 행복하게 지내기 위해서 소통하고 협력하는 대화법을 배울 것입니다. 자신에 대한 이해와 대화법, 친구와의 대화법,

부모님과의 대화법으로 나눠서 살펴볼 것입니다.

    책을 준비하는 동안 가장 많은 도움을 주신 분들은 강의에서 만난 청소년들입니다. 자신의 사례를 소개해주고, 다양한 상황별 대화에 대해서 질문해주신 청소년들 덕분에 탐구하고 배울 수 있었습니다. 고맙습니다. 자신의 청소년 시절을 돌아보며 지금의 청소년들에게 필요한 상황들을 제안해준 사랑하는 딸에게도 고마운 마음을 전합니다. 그리고 이 책을 쓰도록 격려해주시고 책이 나오기까지 애써주신 분들에게 감사드립니다.

    우리 지구별의 희망인 청소년들을 사랑하고 응원합니다.

    이 책이 친구와 잘 지내고 싶고, 부모님과 잘 지내고 싶은 청소년들에게 도움이 되었으면 좋겠습니다. 감사합니다.

2024년 가을
박미자

차 례

2부 친구와 대화하기

3부 부모님과 대화하기

나도 소통 전문가가 될 수 있다

청소년의 마음

저는 청소년을 무척 좋아하는 사람입니다. 중학생을 '기적을 부르는 나이'라고 부르며 청소년들에게 도움이 될 만한 정보를 수집하고 메모하기를 좋아합니다. 어떤 친구가 "벌써 중학생인데 아직 꿈이 없다."라고 하면서 걱정하네요. 어른들에게 "너는 꿈도 없냐?"는 말을 들으면 화가 나지만, 그렇게 묻는 어른들의 꿈은 무엇인지 한편으로는 궁금하대요. 하지만 이런 걸 진짜로 물어보면 또 혼만 나겠지요?

아이들은 때로 꿈이 없는 자신이 한심하게 보인다고 말합니다. 감정이 널뛰듯이 변화하고, 자신을 이해해주는 사람도 없고… 이런 생각이 들 때면 외롭고 절망스럽다고 했습니다.

"나만 이런가요?"

"아니에요. 많은 청소년이 그렇습니다."

이제 '어디로 튈지 모르는' '중2병' '질풍노도의 시기' 같이 부정적인 말들은 일단 치워버려요. 그 대신 '가장 많이 성장하고, 가장 잘 배우는 시기' '다양한 경험이 필요한 시기' '인생에서 가장 아름다운 시기'라는 방향으로 청소년의 특징과 마음을 살펴보면서 이야기를 나누고 싶습니다.

청소년에 대한 정보를 수집하다가 놀라운 점을 발견했습니다. 초등학교 4학년 학생들도 자신을 초등학생이라고 생각하지 않는다는 사실입니다. 그러면 대체 뭐라고 생각하느냐고요? 10대 청소년이라 불러달라더군요. 사실 법률상의 청소년기는 만 9세부터 만 24세까지입니다(청소년기본법 2011년 5월 19일 시행, 법제처 국가법령정보센터 자료에 따름). 나이의 폭이 꽤 넓지요? 몸과 마음이 큰 폭으로 성장하는 시기이자 그 어느 때보다도 이해와 지원이 필요한 때입니다.

그런데 열여덟 살부터는 성인에 가까운 권리를 보장받습니다. 열여덟 살이면 대통령과 국회의원, 지자체장 등 나라의 일을 대신해줄 공직자를 뽑는 투표권도 갖게 되고, 결혼도 할 수 있거든요. 자동차 운전면허도 취득할 수 있고요. 이렇듯 열여덟 살부터는 사회적으로 성인처럼 존중받을 수 있습니다. 하지만 성인에 가깝도록 성장했다고 해서 모든 문제를 알아서 해결할 수 있는 것도 아니고, 자기 마음을 완벽하게 다스릴 수 있는 것도 아닙니다. 여전히 자라는 과정 중이니까요.

인간의 라이프사이클 중 청소년기

요즘 생각보다 많은 청소년이 외로워합니다. 시간이 갈수록 더한 것 같아요. 자신은 잘하는 것이 하나도 없다고 생각하기도 합니다. 딱히 좋아하는 것도 없고, 특별히 존경하거나 닮고 싶은 사람이 있는 것도 아니고, '저렇게 되고 싶다.'고 하는 롤모델도 없대요. 과학과 기술이 전에 없이 발달하여 최강의 정보화시대가 되었다고는 하지만, 영화나 소설에서 보던 미래가 지금 눈앞에 펼쳐졌다고 호들갑을 떨지만, 우리 청소년들에게는 그다지 재미있는 일들이 없습니다. 어쩐지 공부할 것만 더 늘어나는 것 같다고 투덜댈 수도 있어요. 혼자서 많은 일을 해야 한다고 생각하면서 쓸쓸하고 힘들다고 느낄 수 있습니다.

그런데 여러분, 좋은 친구가 있다면 어떨까요?

그렇죠, 이야기가 180도 달라집니다. 무엇이든 친구랑 나누고, 함께 이야기하고, 같이 다니면 힘들기는커녕 즐겁기만 합니다. 학교에서도 그래요. 어른들은 '학교'를 그저 공부하는 곳이라고 생각하여 "학교에 가면 딴짓하지 말고 공부만 열심히 해."라고 말씀하시지만, 청소년들이 매일매일 아침잠을 참고 일어나 학교에 가는 것은, 그곳에 친구가 있기 때문입니다. 혼자 하는 과제는 싫어도 친구랑 함께 의논해서 하는 과제는 재미있어 하거든요. 수업시간도 그래요. "친구랑 의논해서 의견을 발표하세요." 하고 말할 시간을 주면 훨씬 즐거워하잖아요. 청소년들이 친구와 머리를 맞대고 이야기하거나 골똘히 생각에 잠긴 모습을 보면 선생님도 즐겁습니다. 여러분은 당사자니까 더욱더 신나겠지요?

지난여름, 청소년들과 만나서 '친구란 [   ]다.'라는 주제로 이야기한 적이 있었습니다. "친구란 공기이다. 공기가 없으면 살아가기 힘든 것처럼 친구가 없으면 인생이 힘들어진다."고 말하는 친구도 있었고요, "친구란 신발이다. 길을 갈 때 신발이 필요한 것처럼 세상 속으로 걸어가기 위해서 꼭 필요한 존재다."라는 친구도 있었습니다. 그리고 "친구란 기적이다."라고 표현한 친구도 있었어요. "피를 나눈 것도 아니고 이름도 모르는 사이였는데, 어느 순간 고민을 나누는 사이로 발전하기 때문이다."고 했지요.

청소년들은 이렇게 친구와 이야기하면서 자신을 발견하고 인간을 이해합니다. 그래서 저는 이 책에서 청소년기에 친구를 사귀는 법, 친구와 대화하는 법, 친구와 잘 지내는 법들을 상황별로 소개하려고 합니다.

공부는 두 발로 합니다

내가 있어야 다른 사람을 만날 수 있습니다. 내가 나를 이해하고 좋아할 때, 다른 사람도 이해할 수 있답니다. 나를 이해하고 좋아하려면 어떻게 해야 할까요? 저는 무엇보다 자기 자신을 잘 이해해야 한다고 생각합니다. 자신을 이해하려면 어떻게 해야 하냐고요?

우선 나 자신을 충분히 관찰하고, 자신에 대해서 탐구하면 좋겠습니다. 탐구해서 알게 된 것들을 기록해보기도 하고요. 좋아하고 싫어하는 것은 무엇인지, 그것들이 왜 좋고 싫은지 말입니다. 예를 들어 음악을 들을 때는 이 노래가 왜 나에게 꽂혔는지 생각해보는 겁니다. 공원이나 동네를 산책할 때는 계절마다 피는 꽃들의 모양과 향을 살펴보고, 관심이 간다면 이름도 찾아보고요. 부모님 따라 시장 구경도 가고, 동네 여기저기 걸어 다니면서 내가 사는 곳에 뭐가 어디에 있는지 살펴보는 거예요. 음악학원도 있고, 체육관도 있고, 편의점과 은행, 약국과 의원도 있을 겁니다. 이때 그냥 "아, 저런 곳이 있네." 하는 데서 멈추지 말고 약간의 상상을 덧붙여 즐겨보세요. 특별히 관심이 가는 곳은 어디인지 생각하면서요.

공부 중에서 가장 중요한 공부는 나를 알아가는 것입니다. 이 공부는 책만 보아서는 해낼 수 없어요. 발로 다니면서, 관심이 가는 공간에 조금이나마 더 오래 머무는 나의 모습을 보면서 우리는 자기 자신을 점점 더 깊이 이해하게 됩니다.

이것을 셀프모니터링(Self-monitoring) [1]이라고 합니다. 내가 나 스스로를 관찰하는 것인데요. 사람들은 대개 자기를 관찰하고, 자신을 탐구하는 과정을 통해서 자신을 좋아하게 됩니다. 자신이 했던 일들을 돌아보면서 잘했다고 생각하는 점들을 메모해놓은 자료, 자신이 좋아하는 풍경이나 나무, 꽃들의 사진을 찍어서 모아놓은 것들은 자신을 이해하는 데 매우 중요한 단서가 되어줍니다. 이런 사진이나 징표들은 우리의 기억을 강화시켜주고 시간이 흐른 뒤에도 기억들을 일깨워줍니다. 일정한 시기에 찍었던 사진이나 기록해둔 메모들은 그 시기에 있었던 여러 가지 일들을 떠오르게 해줍니다. 특히 오랜 시간 남아 있는 사진들은 그 시기에 있었던 상황과 이야기들을 고스란히 보여주죠.

기록은 나를 알아가는 데 좋은 열쇠가 되어줍니다.

---

1   자신의 행동이나 생각, 감정 등을 관찰하고 인식하는 활동이다. 이러한 활동의 대표적인 것으로 일기 쓰기와 메모하기를 들 수 있다. 자신의 생각과 말, 행동을 기록하면서 자신의 습관과 장단점을 알고 자신에 대하여 이해할 수 있게 되는 것이다. 더 나아가서 인간을 이해하고 소통할 수 있는 능력도 기를 수 있다.

인간은 외로운 존재라서 다른 사람의 칭찬이나 비난에 따라 흔들리기도 합니다. 이렇게 흔들리면서 종종 자신의 자신의 속마음과 멀어지는 선택을 할 수도 있지요. 그렇지만 자신을 사랑하고 자신의 말과 행동을 돌아볼 수 있는 자유로운 존재이기도 합니다. 자기 자신을 관찰하고 자신의 특성이나 행동을 기록하다 보면 본인이 특별히 관심을 두는 일이 무엇인지 알게 됩니다. 그러면 자신이 진짜 관심 있는 일에 몰두할 수 있고, 자신의 실수나 문제점을 개선하기 위해 노력할 수도 있습니다. 이런 과정을 통해서 나 자신을 응원하는 힘을 키우고, 마음의 근육을 단단하게 만들 수 있습니다.

청소년기에는 네 가지 대화가 가능하다

여러분은 태어나서 10년 이상을 살았습니다. *꼬꼬마* 시절과 달라진 점도 많습니다. 웬만한 곳은 대중교통을 통해서 자유롭게 다닐 수 있고, 집으로 가는 길을 잊어버리지 않고 안전하게 돌아올 수 있습니다. 자기가 하고 싶은 일들을 직접 선택하고, 심심할 때 취미활동을 하면서 자신을 보살필 수 있을 만큼 자랐지요.

10년 이상 인생을 살았다는 것은 정말 대단한 일입니다. 웬만한 동물이 평생을 살고 생을 마치는 정도의 기간이거든요. 그런데 우리는 인간이라서 참 다행입니다. 아직 변화하고 성장할 수 있는 시간이 10년 정도 더 남아 있고, 그 이후로는 어른으로서 지금보다 독립적인 삶을 살아가게 되니까요. 10년 이상 살아온 덕에 이제 우리는 나에게 맞는 방법으로 타인과 의사소통도 할 수 있습니다. 더는 울거나 떼를 쓰지 않고 말이에요. 비록 청소년들을 보호하기 위해서 몇 가지 제한이 있지만, 열 살 이상이면 일상생활에서 자기가 원하는 일을 선택하거나 스스로 생각하고 행동하는 데 큰 문제가 없어요.

청소년의 장점 중 가장 특별한 것을 꼽으라고 하면, 저는 주저 없이 '나 자신과 혹은 타인과 자유롭게 대화할 수 있을 만큼 자랐다.'는 점을 들 것입니다. 대화의 힘을 연구한 교육심리학자 비고츠키는 대화의 종류를 다른 사람과의 대화, 자신과의 대화, 세상과의 대화로 나누었습니다. 여기에서는 다른 사람과의 대화를 또래 친구와의 대화와 어른과의 대화로 한 번 더 나누었습니다. 이 네 가지 대화를 중심으로 살펴보겠습니다.

이제, 다음 페이지의 그림을 보세요. 그림에서 누구와 누구의 대화하는 모습이 가장 눈에 들어옵니까?

가장 관심이 가는 것은 청소년과 청소년이 이야기를 나누는 모습이에요. 오른쪽 끝에 있지만 가장 먼저 눈에 들어옵니다. 딱 보기에도 즐거운 느낌입니다. 그렇습니다. 인간은 누구나 또래 친구들과 대화할 때 즐거움을 가장 많이 느낀다고 합니다. 함께 나누는 이야기의 소재나 주제가 공통의 관심 영역 안에 있기 때문이지요. 문화적 경험도 비슷하고 관계 자체도 수평적이잖아요.

다음으로 관심이 가는 모습은 청소년과 교사로 보이는 어른의 대화 장면입니다. 청소년과 대화하는 어른들은 대체로 부모님이나 가족, 선

니콜라이 보그다노프-벨스키(1868~1945)의 1896년 그림[2]

생님일 경우가 많습니다.

　이런 종류의 대화에서 주의할 점이 있어요. 어른들이 무엇인가 길게 말하면 아이들은 곧장 지루해진다는 것이지요. 이럴 때는 오히려 어른들이 청소년들의 말에 귀를 기울여 듣는 방식으로 진행하면 좋겠습니다.

2　니콜라이 보그다노프-벨스키(1868~1945)는 러시아계 화가로 자신이 공부했던 교실의 풍경과 스승의 모습을 그림으로 남겼다.

세 번째는 자기 자신과 대화하는 모습입니다. 손으로 턱을 괴고 골똘히 생각에 잠긴 아이를 보세요. 아마 스스로에게 무엇인가를 물어보고 스스로 답을 찾아가는 중일 겁니다. 자신과의 대화는 혼자 있을 때도, 여럿이 함께 공부하거나 활동하는 과정에서도 얼마든지 가능합니다. 우리는 이런 과정을 통해서 어떤 문제를 해결하기도 하고, 스스로를 위로하고 자기 마음에 공감할 수 있습니다. 어려운 일이 생기면 응원할 수도 있고요.

마지막으로 청소년들이 세상과 대화하는 모습을 살펴보아요. 이 그림에서는 청소년들이 칠판에 제시된 문제와 대화하고 있습니다. 그 자체가 배움을 위한 일종의 교재라고 할 수 있는데요. 배움을 위한 교재는 때로는 책이 될 수도 있고, 체험활동을 통해서 만나는 역사 현장이나 다양한 환경이 될 수도 있습니다. 주말에 엄마랑 산책하면서 만났던 나무나 꽃, 해지는 풍경도 넓은 의미에서는 '배움을 주는 교재'라고 할 수 있죠.

사람들은 세상을 살아가는 동안 이렇듯 네 종류의 대화를 합니다. 대화는 정보와 지식을 전달하는 기능 외에도 새로운 생각이 피어날 수 있도록 공동의 기억을 만들어가는 역할도 합니다.

어때요? 우리 청소년 시기의 특징을 이해하고 더 멋지게 소통하는 방법을 배우고 싶지 않나요? 친구와 잘 대화하고 소통하며 만나고 싶지요? 부모님과 서로 응원하는 관계가 되고 싶지요?

이 책의 구성

먼저 청소년 시기 뇌 발달의 특징을 살펴봅니다. 우리의 몸이 성장하는 것은 눈에 보이지만, 뇌가 발달하는 것은 육안으로 확인하기 어려우므로 구체적으로 배워야 원리를 이해할 수 있기 때문입니다.

두 번째로 같은 또래인 친구들과 대화하는 법을 배울 것입니다. 친구들과 대화할 때, 상황에 따라서 자신의 의견을 정확하게 표현해야 할 때도 있고, 내가 하고 싶은 말은 잠시 참으면서 먼저 친구의 의견을 들어주어야 할 때도 있습니다. 그뿐인가요? 거절해야 할 때, 사과해야 할 때, 응원해야 할 때, 토라진 친구와 다시 잘 지내고 싶을 때 등등 여러 가지 상황이 있을 텐데요. 저와 함께 각 사례를 중심으로 살펴보면서 친구들과 즐거운 관계를 맺을 수 있는 대화법을 배워봅시다.

세 번째로는 청소년의 30년 인생 선배인 부모님과 대화하는 법을 배울 것입니다. 부모님의 대화에 끌려가지 않고, 존중받으며, 대등하게 성장하는 대화법이 있지 않을까요? 우리를 있는 그대로 응원하고 서로에게 힘이 되는 관계를 이루어주는 대화법을 배워보겠습니다.

1부

청소년의 특징 이해

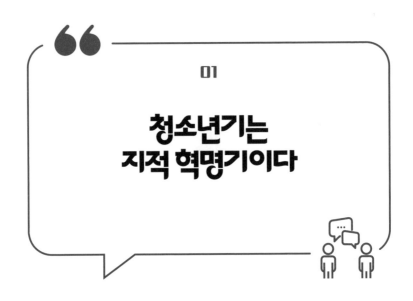

01

청소년기는
지적 혁명기이다

가족보다 친구

청소년들에게 친구는 특별히 중요합니다. 열 살 이전까지의 어린 시절은 친구보다는 가족이 중심이 되는 시기입니다. 태어난 뒤 초등학교 저학년까지는 대부분의 시간을 가족의 보호와 사랑 아래 보냅니다. 가끔 친구들과 어울리기도 하고요.

그런데 청소년기에는 친구의 존재 의미가 어린 시절과 크게 달라집니다. 어린 시절에는 함께 어울려서 놀기만 하면 친구라고 생각했지만, 청소년 시기의 친구는 그 이상입니다. 앞으로 경험하게 될 모든 인간관계의 틀과 방법을 형성해주는 소중한 존재죠.

우리는 대개 관심 영역이 같아서 깊은 이야기를 나눌 수 있거나, 자신이 좋아하는 방향이나 가치관이 맞는 사람을 좋아합니다. 그래서 흔히 "너는 ○○이랑 왜 친해?" 하고 물으면 "○○이랑은 얘기가 잘 통하거든."이라고 대답하는 것이지요. 함께하는 시간이 많아질수록 친구들은 눈빛만 보아도 마음을 알 정도로 사이가 깊어집니다. 그런 친구와 함께 있으면 든든하고 힘과 열정이 생겨요. 그러다 보니 가족과 있는 시간보다 친구들과 함께 있는 시간을 더 즐거워합니다.[1]

친구는 거울과도 같은 존재입니다. 친구가 없으면 마치 거울을 오랫동안 못 본 것처럼 답답하겠지요. 거울에 밝은 내 얼굴이 비치면 기분이 좋은 것처럼 친구가 나를 보면서 웃어주면 즐겁고, 친구가 괜찮다고 말해주면 안심이 됩니다. 친구는 각자 다른 가정환경에서 자랐지만, 새로운 공간에서 만나 관계를 맺은 사람입니다. 그래서, 친구 관계는 가족관계와 다른 사회적 관계라고 할 수 있습니다. 가족관계는 자연적인 혈연을 중심으로 맺어진 생활 공동체이지만, 사회적 관계는 일정한 목적 아래 형성된 공간에서 새로운 사람들이 만들어가는 관계라고 할 수 있습니다. 서로 의미 있는 노력을 주고받고, 어떤 이슈에 공감하고, 필요한 부분을 돕는 등 상호작용을 하여 관계가 이루어집니다. 그래서 친구와 대화가 잘되면 가족관계에서 느낄 수 있는 안정감과는 다른 새로운 빛깔의 안정감과 자신감을 느낄 수 있습니다.

---

1   박미자 지음, 『중학생, 기적을 부르는 나이』(개정판), 도서출판 들녘(2023), p.74.

가지치기하고 서로 연결하는 나의 뇌

오랫동안 교육자들은 청소년 시기를 '제2의 성장기'라고 불렀습니다. 이 시기에 아이들이 엄청나게 변화를 일으키며 성장하기 때문입니다. 러시아의 교육심리학자인 비고츠키는 청소년기인 15세를 '지적 혁명기'라고 표현했는데요, 지적 혁명기는 청소년들이 친구와 만나서 어울리고 이야기하는 과정을 통해 생각하는 능력이 엄청나게 성장하는 시기입니다. 가족과 조금 거리를 두면서 독립적인 사회생활을 준비하는 시기이므로 사회적 관계를 함께 시작하는 친구를 더 좋아하게 되고, 어떻게든 친구와 연결되고 싶어 합니다.

중국의 춘추전국시대를 살았던 공자는 대체로 10년 단위로 인간의 연령대별 특징을 표현했지요? 이를테면 나이 서른을 이립(而立)이라 하여 "(인생의) 기초를 다지는 나이"라고 말했습니다. 요즘 말로 하면 "내 인생의 시즌1, 고고씽 할 준비 끝났어."와 같은 뜻일 겁니다. 또 나이 마흔은 불혹(不惑)이라고 하여 "세상 이치를 터득하여 쉽게 흔들리지 않는" 연령이라고 했습니다. 나이 마흔이 넘었는데도 심하게 갈팡질팡하거나 귀가 얇아지는 태도를 경계하는 의미였겠죠. 그런데, 공자는 특별히 15세를 지학(志學)이라고 하여 "학문에 뜻을 두는 시기"라고 말했어요. 21세기 언어로 번역하면 "뭐든 쏙쏙 잘 흡수하고 배우는 시기"라는 뜻일 겁니다. 뇌과학이니 뇌성장이니 하는 연구가 없던 시대였는데도 공자는 청소년기에 학습하는 능력이 뛰어나다는 점을 이미 알고 있었던 것이지요.

청소년기의 뇌 발달

의료 기술의 발달로 MRI(자기공명영상검사)라는 고주파를 이용한 검사를 활용하여 우리는 인체의 모든 부분을 영상으로 볼 수 있는 시대에 살고 있습니다. 뇌과학자들은 수많은 뇌활동을 사진으로 찍어 이를 관찰하면서 청소년기 뇌의 특징을 밝혀냈는데요. 청소년의 뇌는 어린이의 뇌나 성인의 뇌와는 다르게 성장했습니다.

청소년기의 뇌세포들은 수없이 많은 가지를 뻗으면서 서로를 연결했습니다. 뇌과학자들은 여기서 아주 놀라운 사실을 알게 되는데요.

이렇게 연결된 뇌세포 중 사용하지 않는 부분은 가지치기하듯 없어지기도 하고, 다른 부분보다 많이 사용하는 부분은 더욱 빠르게, 그리고 유능하게 발달한다는 점이었어요. 마치 숙련된 정원사가 나무를 잘 키우기 위해서 가지치기하는 것처럼 뇌세포들이 스스로 가지치기를 진행한 것입니다.[2]

뇌세포는 즐거울 때 더욱 활발하게 발달합니다. 대신 지루하고 심심한 것, 아무 자극이 없는 상태를 싫어합니다. 그래서일까요? 청소년들은 어른들이 어떤 내용을 길게 말하거나 반복하면 매우 지루해하는 경향이 있습니다. 이럴 때 다리를 떨거나 딴짓하다가 혼이 난 경험도 있죠? 청소년기에 본능적으로 심심하고 지루한 것을 싫어하고 새로운 것, 재미있는 활동을 좋아하는 배경에 뇌과학이 숨어 있다니, 참으로 놀랍죠?

---

2   위의 책. p..23.

02

친구 없이는 못 살아

청소년기는 부모와 가족으로부터 독립하기 위한 준비기입니다. 나에게 친절하고 익숙했던 세계를 떠나 그다지 우호적이지 않은 낯선 세계로 들어갈 준비를 하는 과정인데요. 이 점을 곰곰이 생각해보면 청소년들이 왜 그렇게 친구에게 목을 매는지 이해하기 쉬워집니다. 부모와 가족에게서 독립하려면 가족 외의 다른 사람들을 만나서 사회적 관계를 맺어야 하는데, 청소년에겐 그 1차 대상이 친구거든요.

청소년들이 친구를 만나서 어울리며 느끼는 재미는 가족과 함께 잘 지낼 때 느끼는 재미와는 다릅니다. 친구는 청소년들에게 세상을 살아갈 수 있는 자신감과 위로를 주는 첫 번째 타인이에요. 부모나 가족은 아니지만 함께 잘 지내며 살아가는 방법을 배울 수 있는 다정한 타인이

친구와 함께라면 무얼 하든 좋아!

지요.

물론 친구라고 해서 다 좋은 것도 아니고, 함께하는 시간이 마냥 즐거운 것만도 아닙니다. 때로는 화가 날 때도 있고, 힘들 때도 있습니다. 그렇지만 친구들과 서로 이해하기 위해서 노력하는 동안 나와 다른 생활환경에서 자란 친구의 특징을 알게 되고, 자신과 다른 방식으로 살아가는 사람들을 이해할 수 있는 문제 해결 능력도 생깁니다. 자신과 다른 사람을 만나서 서로 알아가며 친해지는 동안 나와는 다른 삶의 방식으로 살고 있는 이들에 대한 이해심이 생기는 것입니다. 마치 낯설지만 즐겁고 재미있는 세상에 대한 탐험을 시작하는 것처럼 청소년들은 자신과 다른 문화와 다른 가족관계 속에서 살아온 친구들을 만나면서 다양성을 받아들이게 됩니다.

청소년들은 앞으로 다양한 삶을 살고 있는 여러 친구를 만나는 동안 다투고 화해하고, 헤어졌다 다시 가까워지는 과정을 무한 반복하게 될 것입니다. 이를 통해 더 많은 사람을 이해하게 될 테고요. 이러한 경험은 청소년이 성인이 되어 새로운 사람들과 동료가 되어 일할 때, 가족을 떠나 낯선 환경에서 자란 새로운 사람을 만날 때, 언젠가 자신만의 빛깔로 가정을 이룰 때 매우 긍정적인 영향을 줄 것입니다. 친구와 좋은 관계를 맺기 위해서 노력하는 과정은 사실 내가 멋진 사람으로 빚어지는 과정이기도 합니다.

03
불확실한 시기

인간은 기본적으로 외로운 존재입니다. 청소년들도 어른 이상으로 외로움을 느끼며 앞으로 살아갈 날들을 머릿속에 그리며 걱정하곤 하는데요. 어른들은 이 사실을 잘 모릅니다. 청소년들은 특히 SNS를 볼 때 다른 사람은 모두 잘 살아가고 있는데, 나만 힘들고 외로운 것 같다, 라는 생각이 든다고 합니다. 다른 사람들은 모두 맛있는 음식을 먹으며, 좋은 데 구경 다니고, 사랑하는 이들과 행복한 시간을 보내는 것 같대요. 나만 빼고 말입니다.

그러나 SNS에서 확인하는 모습이 전부는 아닙니다. 그곳에 자랑하듯 올리는 사진은 그들에게도 '어쩌다 한 번'인 경우가 더 많습니다. 우리도 매일 똑같은 일상보다는 어쩌다 한 번 가는 멋진 카페, 어쩌다 한

번 먹는 고급 음식, 용돈을 열심히 모아 산 멋진 신발을 올리잖아요. 다른 사람도 마찬가지 아닐까요? 때로 본인 딴에는 힘들고 어려운 사연이라고 올리는 것도 제3자에게는 낭만적으로 보일 수 있는 것처럼요.

참 이상하죠? 창밖으로 보이는 사람들은 모두가 재미있는 일을 찾아서 어딘가로 가고 있는 것처럼 느껴지고, 친구들은 항상 즐겁게 살아가고 있다는 생각이 듭니다. 나만 이렇게 외롭고 자신 없고 볼품없고 걱정만 많은 것 같아요. 그러다 보니 마음은 자꾸 우울해집니다.

그런데요, 생각보다 훨씬 많은 청소년이 외롭다고 하소연합니다. 앞으로 살아갈 세상에서 벌어질 일, 닥치게 될 일, 해야 하는 일들을 상상하면서 구체적인 문제들을 떠올리고 걱정하죠. 꼭 그런 일이 벌어진다는 보장이 없는데도 그렇습니다. 게다가 나를 지켜주고 보호막이 되어주던 가족이 곁에 없을지도 모른다는 상상을 하면 가슴이 콱 막힙니다. 이 광활한 우주에 나만 혼자 덩그러니 남은 것 같아서요.

인간은 여러 사람이 함께 어울려 살아가는 것 같아도 실은 자기 문제에 관한 한 자기가 중심이 되어 생각하고 선택하고 결정해서 행동하는 존재입니다. 이 점은 인간의 고유한 특징이기도 한데, 유아기를 지나 청소년 시기에 접어들면서부터 두드러지게 나타납니다. 초등학교 고학년만 되어도 저학년 때랑은 다르게 스스로 선택하고 결정해야 할 일이 늘어나잖아요? 방과 후 시간에 무엇을 배울지, 어떤 학원을 가고 싶은지, 무슨 책을 읽을지 등등 자신의 의견을 내놓아야 할 순간이 늘어납니다. 물론 여러분이 선택하고 결정한다고 해서 마음대로 할 수 있는 건 아니에요. 권한이 다 주어진 것도 아니고 무엇인가를 마음대로 결정해서 주도적으로 할 수 있는 것도 거의 없습니다. 신체적으로는 성인과 유사하게 성장했지만, 일상을 벗어나는 새로운 활동에는 가까운 보호자의 동의와 보호를 받아야 합니다.

그런데, 바로 이 지점에서 불안과 갈등, 그리고 외로움이 커집니다. 무슨 뜻이냐고요?

청소년 시기는 아직 정해진 방향이 없어서 불확실하고 불안정한 시간을 보낸다는 불안감이 커요. 그러나 다른 한편으로는 여러 가지 지원을 받으면서 성인으로 살아가기 위한 실력과 경험을 키우는 시기라는 점에서 장점도 많습니다. 물론 청소년을 지원하기 위해서 사회적인 안전망과 보호장치를 좀 더 구체적으로 갖추고, 가까운 보호자들은 청소년들이 안전하게 실력을 기르고 새로운 경험에 도전할 수 있도록 지원해야 하죠. 어른들이 이런 환경을 마련해주면 여러분은 안전한 환경에서 새로운 경험에 도전해보고, 친구들도 사귀고, 자신에 대하여 탐색하는 시간을 충분히 가질 수 있을 테니까요.

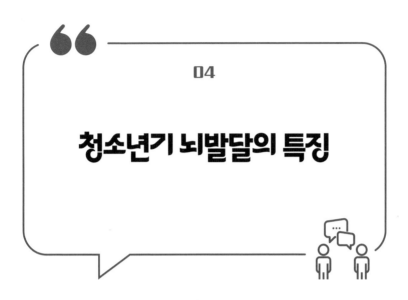

04

청소년기 뇌발달의 특징

청소년은 오늘도 성장 중

인간의 뇌는 일생에 걸쳐 꾸준히 성장합니다. 다만 사춘기(10년을 넘게 살아온 아이들) 청소년의 뇌는 이전의 성장 과정과 속도에 견줄 수 없을 만큼 빠르고 폭넓게 성장합니다.

성장한다는 것은 멋진 일이지만, 새로운 변화를 맞이하는 일이며 급격한 혼란의 과정이기도 하지요. 그래서 변화의 당사자인 청소년들은 적응에 어려움을 겪기도 하고 불안정한 몸과 마음의 흔들림도 경험하게 됩니다. 사춘기에는 청소년들의 성장과 변화를 주도하는 여러 호르몬의 작용이 더욱 활발해지는데요. 그 결과 마음이 혼란스럽고 내 의

내 마음 나도 몰라요

지와는 다르게 감정이 출렁거리는 것을 경험할 수 있습니다.

갑자기 화를 내거나 이유 없이 짜증을 내는 것도 이런 배경 때문입니다. 어른들이 "너 왜 그러냐? 무슨 일이야?"라고 물었을 때 "몰라! 모른다고!"라고 대답하는 것이 정확한 반응일 수 있다는 뜻입니다. 이럴때, 대체로 많은 청소년이 입을 다물거나 화를 내거나 엉뚱한 핑계를 대기도 합니다.

자녀들의 이런 모습에 많은 부모님이 당황합니다. 초등학교 저학년 때는 차분하고, 어른들의 말에 비교적 순종하며, 주변 정리 정돈도 잘했는데, 하면서요. 나이는 더 어렸는데 행동은 더 점잖았던 이유가 무엇일까요? 이 시기의 아이들, 즉 초등학교 저학년 아이들은 성장 속도가 초등학교 고학년이나 중학생보다 느리기 때문이에요. 안정적으로 천천히 성장하고 있다는 뜻이죠. 그래서 초등학교 6학년, 중학교 1~2학년 학생들은 부모로부터 "애가 어릴 때는 참 차분하고 말도 잘 들었는데, 왜 이렇지?" "뭐가 잘못되었지?"라는 말을 종종 듣습니다. 걱정하지 마세요. 잘못된 게 아니라 여러분 나이에 딱 맞는 속도로 매일 성장하는 것뿐이니까요. 변화와 혼란을 견디며 성장하고 있을 뿐입니다.

사춘기의 성장 과정에는 또 하나의 특징이 있습니다. 여학생의 성장 속도와 남학생의 성장 속도에 차이가 있다는 점입니다. 물론 개인차는 있지만, 대체로 그렇습니다. 육체적인 면도 그렇고 정신적인 면으로 보아도 그렇습니다.

예를 들어 같은 연령이라 할 때, 사춘기 여학생들은 사춘기 남학생들보다 언어능력이 두 배 정도 뛰어납니다. 2년쯤 빨리 성장했다고 보면 됩니다. 언어를 이해하는 능력도 언어 표현 능력도 그래요. 학급 회의나 동아리 프로젝트에서 여학생들이 주도적으로 의견을 내고 설득하고 추진하는 것도 성장 속도의 차이 때문이지요. 또래의 남학생과 여학생이 말다툼을 할 때도 그렇습니다. 여학생이 더 빠르게 논리적으로 말하죠. 반면 남학생들은 좀 버벅거리는 모습을 보이고요.

그러나 새로운 공간을 탐색하고 지각하는 능력은 남학생들이 여학생들보다 빠르게 성장합니다. 새로운 공간에 갔을 때, 더 빠르게 위치를 파악하고, 공간을 구성하는 사물에도 남학생이 더 호기심과 관심이 많습니다(물론 여기에도 개인차는 있어요). 공간에 대한 관심이 많아서 직접 찾아가서 살펴보고 관찰하기를 좋아합니다. 그래서일까요? 10대 청소년 중 남학생들은 종종 산만하다거나 차분하지 못하다는 질책을 받습니다.

사춘기 이후인 중학교 3학년쯤 되면 여학생과 남학생의 언어 이해와 언어 표현 능력을 포함하는 인지능력, 공간에 대한 탐색과 지각 능력 등이 균형을 이루면서 서로 비슷하게 발달합니다. 남녀공학 학교에서 1학년 때 같은 반이었던 친구들을 3학년에 다시 만나면 의젓해진 모습에 서로 감동합니다. "얘가 그 애 맞나?" 하는 생각도 들어요. 그러다가 고등학생이 되면 성별에 따른 발달 차는 거의 드러나지 않게 됩니다. 이즈음부터는 성별 차이가 아니라 개인별 차이가 나타나요. 각자의 개성에 따라 성장하는 것입니다. 사회적 관계를 맺는 능력이 향상되어 자기중심에서 벗어나 타인의 입장을 배려하는 '역지사지'[1] 능력도 증폭되고요.

어때요, 겉모습은 거의 변화가 없는 '나'인데, 중학교 1~2학년일 때의 나와 중학교 3학년 혹은 고등학생인 나는 달라도 너무 다르지요? 사춘기를 일컬어 인간의 '제2의 탄생기'라고 하거나 '제2의 성장기'라고 부르는 이유를 이해할 것 같죠? 이 시기야말로 여러분 일생에서 정신적 성장과 정서적 성장이 가장 큰 폭으로 변화하는 시기니까요. 그러니 이제 '중2병'이나 '어디로 튈지 모르는 나이' 같은 부정적인 표현보다는 '멋지게 성장하는 시기' '독립을 준비하는 시기' '기적을 부르는 나이'

---

1   역지사지: 자신의 입장에서만 생각하지 않고, 다른 사람의 입장에서 생각하고 이해하는 태도. 타인의 감정이나 상황을 이해하고 공감하는 태도를 중요하게 여기는 고사성어이다.

같은 긍정적인 표현을 더 많이 사용하면 좋겠습니다.

친환경 대화가 뇌 발달을 돕는다

다음 그림은 뇌가 어떻게 생겼는지 보여줍니다. 뇌의 구조와 기능을 간단하게나마 이해하면 청소년기 뇌 발달의 특징을 더 쉽게 이해할 수 있습니다.

다 자란 성인의 뇌 무게는 1.4~1.6킬로그램 정도이고, 뇌를 구성하는 최소 단위는 뉴런이라는 신경세포입니다. 뇌는 모양과 하는 일에 따라 대뇌, 소뇌, 뇌간으로 나뉩니다(뇌간은 조금 더 분화됩니다). 그중 대

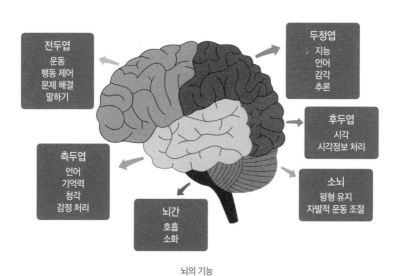

뇌의 기능

뇌가 전체 뇌의 80퍼센트를 차지해요. 가장 바깥 부위를 대뇌피질이라고 하는데, 이것은 전두엽, 두정엽, 후두엽, 측두엽으로 나뉩니다. 대뇌피질은 흔히 '이성의 뇌'라고 불리는데요, 주로 학습과 창조력, 기억력 등 정신적인 기능을 관할합니다. 대뇌 가장 안쪽의 변연계에는 해마·시상하부 등이 있는데, 변연계는 기쁨이나 두려움 같은 감정을 주관하고 또 이 감정을 기억과 연결시키는 역할을 해서 '감정의 뇌'라고 불립니다. 우리의 몸을 지휘하는 호르몬 분비도 관장하고요.[2]

청소년기에는 두정엽과 후두엽, 측두엽이 먼저 발달하고, 이들이 협력하여 전두엽을 발달시킵니다. 두정엽은 공간 인지능력과 감각기능을 담당하고, 후두엽은 시각기능을 관장해요. 측두엽은 언어기능을 맡죠. 그리고 전두엽은 감정과 운동, 지적 기능을 모두 관할합니다. 그러니까 전두엽은 각 뇌에서 들어온 정보들을 분석하여 쓸모를 판단하고, 어떤 말과 어떤 행동을 할지 결정하며, 삶의 계획을 세우고 감정을 조절하는 뇌의 종합센터, 즉 콘트롤타워라고 할 수 있습니다.

전두엽을 잘 발달시키는 데 어떤 활동이 가장 도움이 될까요? 바로 대화입니다.

몸이 건강하게 성장하려면 가급적 친환경[3] 음식으로 충분한 양을 즐겁게 먹어야 하는 것처럼 정신이 건강하게 성장하려면 '친환경 대화'[4]

---

2   https://www.amc.seoul.kr/asan/healthinfo/body/bodyDetail.do?bodyId=15 참고
3   자연의 기운을 듬뿍 담은 음식으로 화학첨가 물질이 없고, 오염되지 않은 땅에서 생산한 음식물.
4   사람의 존재 자체를 고마워하고 칭찬하는 대화. 비교나 평가, 편견을 갖지 않고 존중하는 대화.

를 충분히 나누어야 합니다.

대화는 꼭 필요한 지식과 정보를 전달하고, 내 생각을 표현하고, 새로운 아이디어를 떠오르게 하는 촉매제 역할도 합니다. 가끔 친구나 부모님과 이야기하다 보면 뜻밖에 기특하고 좋은 방안이 떠올라서 "어? 내가 이런 생각도 하네." "이런 건 기록해야 해!"라고 놀랄 때가 있지요? 이런 것이 바로 대화의 긍정적인 측면입니다.

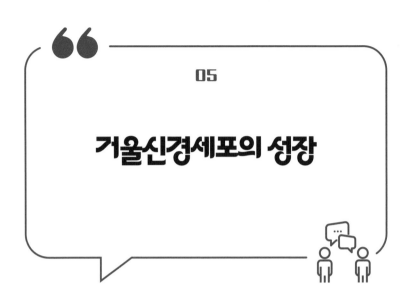

05

거울신경세포의 성장

행동을 관찰하고 따라 하는 뇌

인간의 뇌에는 다른 사람의 마음과 행동을 비춰주는 '거울신경세포'
가 있습니다. 거울신경세포는 특정 행동을 직접 수행할 때, 그리고 타
인이 그와 똑같이 행동하는 것을 관찰할 때 활성화되는 신경세포입니
다. 이탈리아의 신경생리학자인 자코모(Giacomo Rizzolatti, 1937~)가
붙인 이름이죠.[1]

자코모와 동료들은 원숭이의 손이나 입의 움직임에 관여하는 신경

---

[1]   요하임 바우어 지음, 이미옥 옮김, 『공감의 심리학』 에코리브르(2006), pp.17~18.

태어난 지 얼마 안 된 마카크가 표정을 따라 하고 있다.[2]

세포를 연구하기 위해 원숭이의 뇌에 전기 자극을 주어 신경세포의 활동을 관찰했는데요. 흥미롭게도 연구자들은 원숭이가 직접 먹이를 집거나 (사람이) 먹을 것을 집어 드는 모습을 원숭이가 관찰할 때 특정 신경세포가 활성화되는 것을 발견했습니다.[3] 거울이 내 모습을 비춰주는 것 같다고 해서 '거울신경세포'(Mirror neuron)라고 이름을 지었는데요. 이 세포는 내가 만나는 상대방이 나에게 반응했던 모습을 그대로 기억하게 해줄 때, 다른 사람이 자신의 감정에 공감했을 때, 활발하게 반응합니다.

친구들과 함께 생활하는 공동의 공간에서 서로에게 보내는 행동의 의미를 바로 알아차리는 것은 거울신경세포가 활동하기 때문입니다.[4]

---

2   거울신경세포(위키백과, Makak neonatal imitation.png)
3   요하임 바우어 지음, 이미옥 옮김, 『공감의 심리학』 에코리브르(2006), pp.17~18.
4   요하임 바우어 지음, 이미옥 옮김, 『공감의 심리학』 에코리브르(2006), pp.16~17.

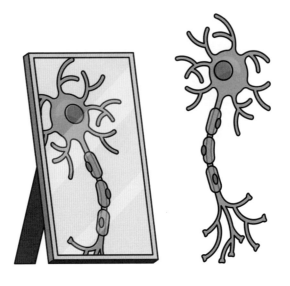

다시 말해 거울신경세포 덕분에 우리는 다른 사람이 나를 바라보는 표정과 목소리를 통해서 상대방이 나를 어떻게 생각하는지 알아차릴 수 있는 거예요. 그리고 상대방의 목소리와 표정을 통해서 내가 어떻게 공감해야 할지도 알게 됩니다.

거울신경세포는 세 살 전후에 언어발달과 함께 성장하기 시작합니다. 이후 꾸준히 발달하다가 10대 청소년기에 가장 활발하게 성장하죠. 청소년기는 거울신경세포들이 활발하게 발달하므로 다른 사람의 반응이나 감정에도 영향을 아주 많이 받습니다. 그래서일까요? 청소년들은 친구의 말과 행동에 매우 적극적으로 반응합니다. 친구에게 좋은 일이 있으면 감탄사를 연발하며 손뼉 치고, 슬프거나 안타까운 일이 있으면 같이 울기도 하고 슬퍼합니다.

청소년의 거울신경세포

중학교 2학년 담임을 맡았던 때의 일입니다. 우리 반의 한 학생이 아침 등굣길에 학교 앞 건널목에서 교통사고를 당해서 병원에 실려 간 일이 있었습니다. 조회에서 그 사실을 말하자 한 학생이 "○○이 어떡해요!"라고 소리치며 울음을 터뜨렸습니다. 교실은 순식간에 탄식과 울음소리로 가득 찼습니다. 병원에서 연락이 오면 바로 알려주겠다고 말하고 조회를 마무리했는데요, 3교시가 끝났을 때 우리 반에서 함성이 들리는 거예요. 얼른 들어가 보니 ○○이가 손에 붕대를 감고 웃고 있었습니다. 학생들은 환호성을 지르며 ○○이에게 몰려가서 관심을 보였습니다. 복도를 지나가는 다른 반 학생들이나 선생님들에게 ○○이가 학교에 무사히 왔다고 알리는 친구들도 있었습니다.

이처럼 청소년들은 친구를 만나 사귀고 함께 생활하면서 다른 사람의 감정을 읽고 반응하는 능력을 키우게 됩니다. 거울신경세포가 왕성하게 발달한 덕분에 가능한 일이죠. 함께 감정을 나누고, 서로 응원해주고, 서로의 마음을 깊이 공감해줄 친구가 절실하게 필요한 이유, 잘 아시겠지요?

거울신경세포들의 반응이란 다른 사람의 얼굴과 목소리를 통해서 나 자신의 존재를 다시 만나는 것입니다. 다른 사람이 나를 바라보는 표정과 목소리를 통해서 상대방이 나를 어떤 사람으로 대하는지를 알아차리는 것이지요. 상대방이 밝고 즐거운 모습을 보이면 내 마음도 즐거워지고, 상대방이 슬프고 힘든 모습을 보이면 내 마음도 힘들어짐니다. 상대방이 나에게 좋은 감정으로 웃어주고 응원해주면 내 안의 거울신경세포들은 '내가 중요하고, 의미 있는 존재라는 사실'을 확인하며 마구 연결되고 성장한답니다.[5] 그래서 힘든 일이 있을 때 친구가 응원하고 위로하는 전화만 해줘도 청소년들은 아무 일 없었다는 듯이 바로 웃으며 즐겁게 생활할 수 있어요.[6] 어른들은 가끔 이런 모습을 보면서 "속도 없나?"라고 하시지만 실은 청소년의 거울신경세포가 건강하게 활동한 덕분이랍니다.

5   요하임 바우어 지음, 이미옥 옮김, 『공감의 심리학』 에코리브르(2006), p.123.
6   어린 시절의 친구는 함께 놀았던 기억을 중심으로 형성된다. 그러나 청소년기의 친구는 기억 중심의 관계를 넘어서 이해와 공감, 가치관을 중심으로 만나고 관계를 형성한다.

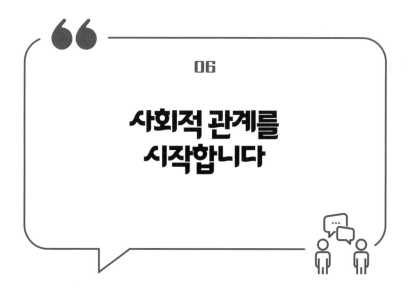

06
사회적 관계를 시작합니다

청소년 시기는 주체적으로 사회적 관계를 맺는 시기입니다. 이때 친구와의 관계가 사회적 관계의 출발점이 되는데요. 친구는 나와 다른 사람이지만 나와 입장이 같은 사람이기도 합니다. 이 시기 청소년들은 친구의 성장 과정을 함께 지켜보고 응원하면서 자신의 정체성을 확인하고 자신을 더 깊이 이해하게 됩니다.

이런 마음은 학교의 체육대회에서 구체적으로 경험할 수 있습니다. 경기에 나간 학급 친구를 목이 쉬도록 응원하면서 즐거워합니다. 다른 학급과의 경기에서 자기 학급 친구들이 이기면 자신이 이긴 것처럼 기뻐하고, 자기 반 친구들이 뒤처지면 마치 자기 일처럼 안타까워합니다. 체육대회가 열리면 학급을 대표하는 친구들에게 주려고 물병을 들고 뛰어다니며 지극 정성으로 응원하는 모습을 자주 봅니다. 그런 모습을 볼 때면 "저 녀석이 ○○○이랑 친했나?" 하고 고개를 갸우뚱하게 되지요. 학급 친구를 응원하고 돕는 적극적인 활동을 통해서 청소년들은 친구에 대한 애정을 키우고 자기 학급에 대한 소속감도 강화하게 됩니다. 더불어 자존감도 높아지고요.

청소년들이 학교에 가는 진짜 이유가 궁금하지 않아요? 제가 조사해본 결과 거의 모두가 "친구들을 만날 수 있어서 학교 간다."라고 대답했습니다. 그렇지요. 학교는 내가 좋아하는 친구들을 안전하게 만날 수 있는 곳입니다. 같이 공부하고 밥을 먹고, 모둠 활동이나 동아리 활동을 함께하고, 체육대회나 체험학습 활동, 축제 같은 다양한 행사도 즐깁니다. 또래 친구를 통해 인간관계를 배우기 시작하고, 차츰 그 범위를 넓혀가지요.

주제를 정해서 탐구하여 발표하는 모둠별 프로젝트 시간에 모둠원 전체가 나와서 발표하는 모습을 보면, 모둠원들이 공동으로 의논하면서 역할을 정하는 걸 알 수 있어요. 직접 내용을 발표하는 친구뿐 아니라 PPT를 준비해주는 친구나 소품들을 들어주는 친구도 정성을 다하며 즐거워합니다.

친구들과 함께 생활하면서 서로에 대한 예의도 배우고, 공동의 목적을 위해 함께 노력하는 즐거움도 배우는 것입니다. 자신과 같은 연령의 친구들이 웃고 떠드는 모습만 보아도 좋아하는 것이지요.

청소년들은 이처럼 학교에서 다양한 또래 친구들을 만나고 지켜보고 대화를 나누면서 사람들과 함께 살아가는 연습을 합니다.

2부

친구와 대화하기

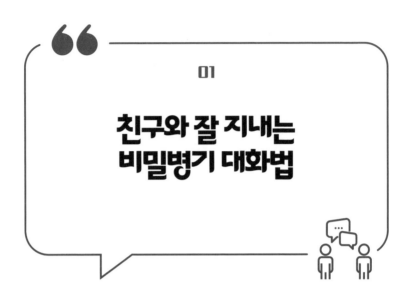

01

친구와 잘 지내는 비밀병기 대화법

먼저 인사하기

학교 가는 길에 만난 친구에게 "안녕!" 또는 "좋은 아침!"이라고 소리 내어 인사하면 기분이 좋아집니다. 마음의 여유도 생기고요. 인사를 할 때엔 손을 흔들거나 웃어주는 것도 좋지만, 목소리를 들려주는 것이 더욱더 효과적이라고 해요. 사람의 목소리는 얼굴만큼이나 풍부한 감정을 담고 있거든요. 내 마음과 감정을 담은 목소리는 듣는 사람의 감수성을 자극하여 오래 기억에 남습니다.

같은 반 친구나 관심 있는 친구를 만나면 먼저 인사해보세요. 등굣길에 만난 친구랑 인사를 나누고 이런저런 이야기를 나누면 걸음이 조금 느려집니다. 여유 있게 집을 나서면 이럴 때 서두르지 않아도 되겠지요? 등교 시간에 늦어서 헐레벌떡 뛰다 보면 친구가 아는 체하며 손을 흔들어도 답하기 어렵잖아요.

교실에 들어왔나요? 이제 먼저 와 자리에 앉아 있는 친구들에게 "안녕?" "좋은 아침!" 하고 인사를 건네봅시다. 여러분보다 늦게 온 친구에게도 아는 척을 해주고요. 누군가 옆에서 "야, 왜 갑자기 친한 척하냐?"라거나 "웬일이냐? 인사를 다 먼저 하고."라며 핀잔을 주더라도 당황하지 말아요. 그냥 씩 웃어주는 것으로 답은 충분합니다. 괜히 기분 나빠져서 "남이야~." "왜 시비냐?"라고 응대하지 말고, 여유 있는 태도로 대하는 편이 좋습니다. 매일 만나는 학급 친구라도 아침에 만났을 때, 또 헤어질 때 인사를 나누다 보면 알게 모르게 서로의 관계가 단단하게 다져집니다. 인사를 나누는 간단한 행동 하나만으로 주변 친구들이 마음을 열게 되고, 친구들에게 신뢰와 여유를 주는 사람이 될 수 있다니, 얼마나 좋은가요?

인사하면 기분이 좋아집니다.

여러 사람이 함께 생활하는 공간에서 목소리를 내는 일은 서로의 존재를 알리는 신호탄이 됩니다. 먼저 인사하는 사람의 목소리는 어떤 공간을 새롭고 즐거운 기운으로 채우는 효과가 있죠.

하루일과를 마치고 친구들과 헤어질 때도 "안녕" "잘 가" "잘 지내" "내일 봐" 하고 인사해봅시다. 말없이 쑥 돌아서는 친구보다 나를 기억하고 인사를 건네주는 친구에게 마음이 더 가게 될 겁니다.

일상생활에서 늘 환영받으며 성장한 사람은 자존감이 높습니다. 사랑받고 인정을 받아본 경험은 내면에 차곡차곡 쌓여 '나는 귀한 사람'이라는 확신을 심어주죠. 예를 들어 집에서 부모님이든 자녀든 나가고 들어올 때마다 다정하게 인사를 건네며 환영하고 환송해주는 행동은 대가를 바라지 않고 존재 그 자체를 귀하게 여기는 마음이 겉으로 드러난 것이니까요. 몸이 아파서 조퇴하는 상황인데 친구들이 관심을 갖기는커녕 자기 할 일만 하고 있으면 쓸쓸하겠지요?

"무슨 일이야?"
"목이 아파서 병원에 가려고 조퇴 신청했어."
"그래? 치료 잘해. 내일 봐."

이런 대화를 나누고 나면 아무도 없는 운동장을 걸어 나갈 때도 외롭지 않고 든든합니다. 일상의 작은 관심이 서로의 자존감을 높여주는 것이지요. 또 누군가 먼저 말을 걸어주면 자존감이 높아집니다. 자기 스스로 먼저 인사를 건네는 경우에도 자존감이 높아집니다.

응원하고 지켜주기

❶ 칭찬하고 고마워하기

친구한테 칭찬받으면 으쓱합니다. 작은 친절을 보여주었을 뿐인데 "고맙다." "최고야." 하고 말해주면 기분이 좋습니다. 일상에서 친구의 좋은 점을 자주 칭찬하고 고맙다는 인사말에 익숙해지면 듣는 사람도 말하는 사람도 즐거워집니다. 누구든—애어른을 막론하고— 작은 일에서 칭찬받을 때 기쁨이 두 배가 된답니다. 일상에서 서로를 칭찬하고 고마워하는 사례들과 그에 호응하는 말들을 살펴볼까요?

- 친구가 인사하고 따뜻하게 웃어주면 ➡ "고마워."
- 친구가 학용품을 빌려주면 ➡ "고마워."
- 친구에게 빌린 것을 다 쓰고 돌려주면서 ➡ "덕분에 수업을 잘할 수 있었어. 고마워."
- 수업시간에 나가서 발표할 때, 웃으며 박수를 쳐주는 친구에게 ➡ "고마워, 나 좀 떨렸는데, 네가 손뼉쳐줘서 용기가 났어."
- 음악 시간이 끝나고 ➡ "네가 노래를 신나게 불러서 나도 즐거웠어." "네 목소리 듣기 좋아."

- 미술 시간에 ➡ "배경색이 멋지네. 잘 어울려."

- 새 옷을 입고 온 친구에게 ➡ "잘 어울려."

- 점심시간에 ➡ "너랑 같이 밥 먹는 시간이 즐거워."

- 머리를 손질하고 온 친구에게 ➡ "헤어스타일 멋져." "오, 깔끔한데!"

- 등하굣길을 함께 걷는 친구에게 ➡ "고마워." "너랑 같이 가서 좋아."

- 결석했다가 나온 친구에게 ➡ "많이 아팠니?" "걱정했어."

❷ 친구의 감정에 공감하기, 반응해주기

중3인 희명이는 만화를 그리고 싶었지만, 그림에 썩 재주가 없다는 생각이 들어서 아무에게도 말을 못 하고 있었습니다. 그러다가 친구랑 이야기하면서 친구의 말에 큰 용기를 내었습니다.

희명: 나는 만화가가 되고 싶어.

친구: 열심히 해봐, 응원할게.

희명: 그런데 내가 그림을 잘 그리지는 못해서….

친구: 너는 속이 깊으니까 내용을 잘 표현할 거야. 스토리가 중요하잖아.

어떤가요? 희명이는 친구의 말을 듣고 힘을 받아서 좋은 내용을 그림으로 그리는 만화가가 될 수 있지 않을까요? 이렇게 고민이 있거나 어려움을 겪을 때, 친구가 옆에서 마음을 알아주고 응원해주면 힘이 날 것 같아요. 말없이 지켜봐주는 것도 좋지만, 상대방의 마음을 알아주고 반응해주는 말로 표현하면 더 좋습니다.

다른 경우도 한 번 살펴볼게요.

현우는 아침에 부모님께서 다투시는 모습을 보고 학교에 와서 기분이 좋지 않습니다. 반갑게 인사를 건네는 친구를 만나도 웃음이 나오지 않아요.

친구: 현우야 안녕?

현우: ….

친구: 왜 그래? 무슨 일인지 물어봐도 돼?

현우: 아침에 부모님께서 좀 다투셔서….

친구: 속상했겠다.

현우: 그래서 나도 인사도 안 하고 나왔거든.

친구: 그럴 수 있어. 네 마음 알겠어.

힘들 때 누군가가 자신의 마음을 알아주면 마음이 조금은 편안해집니다. 그러니 우리가 친구의 문제를 해결해줄 수는 없더라도 '너의 힘든 마음에 공감해.' 하고 표현하면 좋겠습니다. 말을 하지 않으면 어색한 분위기가 되지만, "속상하겠구나." "힘들겠구나." "그럴 수 있어." "네 마음 이해해." 하는 식의 공감하는 말을 건네면 친구의 답답한 마음에도 숨통이 트일 겁니다. 어디선가 시원한 바람이 불어오는 것처럼요.

친구가 힘들어하거나 평소보다 말이 없는 경우에는 관심을 갖고 물어보고, 또 응원하는 말을 건네주세요. 따뜻한 말 한마디가 친구에게 힘을 준답니다. 이제 상황에 따른 공감 표현 방법을 살펴보겠습니다.

- 명랑하던 친구가 장난을 걸어도 웃지 않고 시무룩해 있으면 → "뭐 어려운 일 있어?" "네가 심각하니까 걱정돼." "힘든 일 있으면 말해." "너를 응원해."

- 일과를 마치고 지치고 힘들어하는 친구에게 → "힘내." "너한테는 내가 있잖냐!"

- 학급행사를 마치고 헤어질 때 → "수고했어." "힘내." "너랑 같이 준비해서 훨씬 즐거웠어." "너 오늘 짱 멋지더라!"

- 아파서 여러 날 쉬었다가 학교에 온 친구에게 → "고생했어." "내가 뭐 도와줄 일 있을까?" "노트 필요하면 말해."

- 즐겁게 함께 놀고 헤어질 때 → "오늘 즐거웠어." "고마워."

- 친구가 상을 받거나 좋은 일이 있을 때 → "축하해." "너를 응원해." "네가 상 받으니까 나도 신난다." "맛있는 거 먹으러 가자!"

- 친구가 공부나 성적 때문에 힘들어할 때 → "괜찮아. 힘내." "이번엔 시험공부 같이할까?" "서로 외운 거 봐줄까?"

- 친구가 자기 경험을 말해줄 때 → "그런 일이 있었어?" "재미있었

겠다." "그랬구나." "힘들었겠다." "속상했겠다."

❸ 시비 거는 아이들로부터 친구를 지켜주기

여러 사람과 한 공간에서 함께 생활하다 보면 별일 아닌 행동에 시비를 걸거나 무턱대고 비난하는 친구들도 가끔 만납니다. 그럴 때 이런 상황을 말없이 허용하다 보면 분위기가 점점 나쁜 방향으로 흘러가게 됩니다. 말없이 조용히 생활하는 친구, 혹은 약한 친구를 은근히 무시하고 위협하는 친구가 있다면 누구라도 목소리를 내야 합니다. 내문제가 아니니까, 나랑 친한 애가 아니니까… 하면서 방관하지 말고 초반부터 확실하게 문제를 제기하세요. 친구를 지켜주는 목소리를 통해서 서로가 안전한 공간을 유지할 수 있습니다. 또 용기를 내어 문제를 제기하는 친구가 있다면 그 의견에 적극적으로 동의한다는 것을 표현하세요. 그러잖아도 마음속으로 두려운데 누군가가 나를 지지해주면 얼마나 든든하겠어요?

학급에서 간혹 소외되는 친구에게 다른 아이들이 시비를 건다면 그냥 지나치지 말고 한마디 거들기를 바랍니다. 그러면 그 아이는 위기에서 벗어날 수 있습니다. 속상한 마음도 있고 돕고 싶은 마음도 있지만 표현하지 않고 외면한다면 어떤 도움도 줄 수 없습니다. 문제는 이런 상황들이 몇 번 반복되면 시비를 일삼는 몇몇 친구 때문에 힘들어하는 아이들이 생긴다는 점입니다. 여러 사람이 함께 생활하는 공간이 안전하지 못한 곳이 되어버리면 모두가 힘들어집니다. 불안하고 위태

"그만둬!" "하지 마!"

로운 기운이 그곳을 지배할 테니까요.

인간의 뇌는 상처에 취약합니다. 상처를 받는 순간 뇌세포가 파괴되고 움직임도 느려져요. 그런데, 상처를 받는 사람의 뇌세포만 파괴되는 게 아닙니다. 상처를 주는 사람의 뇌세포와 그 상황을 지켜보는 사람의 뇌세포도 함께 파괴됩니다. 결국 모두가 피해를 보는 것이지요. 우리가 함께 생활하는 공간을 안전하게 지켜야 하는 이유입니다. 그러니 다른 사람을 괴롭히는 누군가가 있다면 용기를 내어 말하세요. "하지 마!"라고요. 먼저 용기를 내서 말하는 사람이 하나 있으면, 다른 사람들도 함께 목소리를 낼 수 있습니다. 단 한 사람의 "하지 마!"라는 외침이 여러 목소리가 모인 단단한 "하지 마!"가 되어 우리의 안전을 지켜줄 것입니다.

대화 사례 1

A: 그런 식으로 말하지 마!

B: 왜?

A: ○○이 힘들어하잖아.

B: ○○이 힘든 거랑 네가 무슨 상관인데?

A: 지켜보는 나도 힘들어.

대화사례 2

A: 야, ○○이 마음 불편하게 하지 마!

B: 네가 뭔데 간섭이야?

A: 내가 좋아하는 친구야.

B: 언제부터 좋아하고 그랬냐?

A: 지금부터 좋아하려고. 예전부터 관심 있었어!

수업 시간에 친해지기

친구와 잘 지내는 일이 청소년의 학교생활에서는 매우 중요합니다. 친구와 친해지고 좋은 관계를 맺을 수 있는 시간은 언제일까요? 쉬는 시간이나 점심시간일까요? 물론 그럴 수도 있어요. 같이 밥도 먹고 간식도 사고 그러면서요. 그런데 친구와 좋은 관계를 맺을 수 있는 가장 적절한 시간은 놀랍게도 수업시간이랍니다.

학교에서 가장 중요한 시간은 수업시간이에요. 친구들이 진지하게 자신의 의견을 말하거나 발표하는 것도 수업시간입니다. 친구가 말하고 발표하는 내용을 곰곰이 들으면 그 친구의 생각을 잘 알게 되어 차츰 그를 좋아하게 될 수도 있습니다. 공통의 관심사가 있다는 것을 발견할 수도 있고요. 그러면 그 친구가 했던 말이나 생각을 기억하여 관심을 표현하게 되고, 상대방도 나에게 호의를 품게 됩니다. 사람은 누구나 자신의 이야기를 잘 들어주고 기억하는 사람을 좋아하잖아요? 그러니 대화할 기회를 자주 마련하고, 대화를 나눌 때는 내용에 집중하는 연습을 해보세요. 대화를 통해서 친구와 한층 더 가까워질 것입니다.

지금부터 수업시간을 어떻게 활용하면 좋을지 상황별로 살펴보겠습니다.

❶ 모둠 활동에서 경청하고 응원하기

학교의 수업에서 모둠 활동은 재미와 배움을 함께 얻을 수 있는 중요한 시간입니다. 선생님의 목소리만 듣는 수동적인 환경에서 벗어나 여러 친구의 다양한 생각을 직접 들어볼 수 있으니까요. 모둠 활동을 하면 이제까지 잘 몰랐던 친구들의 생각과 성격을 알게 됩니다. 성격이 급한 친구, 엉뚱한 친구, 신중한 친구…. 또 프로젝트를 하나둘 같이 하다 보면 인간성도 드러납니다. 자기 것만 딱 챙기는 얄미운 친구, 너무나 착해서 다른 아이들 것까지 다 해주는 착한 친구…. 그야말로 나와 소통할 수 있는 친구를 발견하기에 가장 좋은 시간이죠.

모둠 활동을 하다 보면 상황이나 맥락과 관계없이 큰 소리로 떠드는 아이들이 꼭 있어요. 이런 친구들은 자신이 실없는 사람이라는 것을 공개적으로 광고하는 것입니다. 학급 내에서 좋은 친구 관계를 유지하

서로 이야기를 잘 들어주고 모르는 부분은 확인합니다.

고 싶다면 그런 행동보다는 모둠 친구들에게 친절하고 성의 있게 대해
야겠죠?

친절하고 남을 존중하는 태도란 어떤 것이죠? 그렇습니다. 누군가
말을 시작하면 잘 들어주는 예의 바른 태도를 말해요. 모둠 활동에서
는 가급적 모둠 밖으로 목소리가 나가지 않게 합니다. 옆 모둠에 방해
되지 않도록 작은 목소리로 말하는 것이 좋겠죠. 내가 질문하지 않았
어도 모둠의 누군가가 질문을 던지고 거기 대답하는 상황이라면 경청
하면서 함께 배우려고 노력해야 합니다.

나도 잘 몰라서 궁금했던 것을 물어봐주는 친구 덕분에 생각하고 배
울 기회가 생겼으니 그에게 "고맙다."라고 말하고, 친절하게 설명해주
는 친구에게도 "고맙다." 하고 마음을 표현해보세요. 그런데 이런 활동

을 방해하는 친구도 있을 겁니다. 그럴 때는 설명하는 친구를 지지해야 합니다. 모둠 활동이 끊기거나 엉뚱한 방향으로 흐르지 않도록요.

대화사례 3

A: "이거 좀 이해가 안 되는데?"

B: "어떤 부분이 이해가 안 돼? 내가 좀 설명해줄까?"

C: "난 안 들어도 되거든?"

D: "고마운데 왜 그래? 나는 들어보고 싶어."

다른 사람의 문제라고 방관하기보다는 용기를 내어 이렇게 응원의 말을 해주면 모둠원들 간의 분위기가 협력적으로 될 수 있습니다. 수업시간만 되면 줄곧 엎드려 있는 친구에게도 모둠 활동을 시작할 때 "○○아, 이제 일어나." 또는 "네가 참여해야 우리 모둠이 더 재미있게 활동할 수 있는데?" "이제 힘 좀 내 봐." 등 관심을 보이면서 함께하자고 권해보세요.

❷ 친구에게 질문하고 대답하는 대화

수업시간에 모르는 것을 친구에게 물어보는 일은 용기 있는 행동입니다. 질문하지 않으면 배우기 어렵지만, 질문하면 배울 수 있기 때문입니다. 그런데 여러분, 친구가 설명해주면 선생님이 가르쳐줄 때보다 이해가 더 잘되는 것 같지 않나요? 왜 그럴까요? 친구와 나 사이는 완전 평등한 관계라서 부담이 없기 때문입니다. 그러니 친구가 설명하는 과정에서 모르는 문제가 또 생겨도 다시 물어볼 수 있는 거예요. 친구 사이엔 억지로 아는 척할 필요가 없습니다. 모르면 모른다고 이야기해도 하나도 창피하지 않잖아요. 여기엔 한 가지 중요한 특징이 추가됩니다. 친구의 언어가 내가 사용하는 언어구조와 같다는 점이지요. 친구의 말이 어른의 말보다 이해가 잘 되는 배경입니다.

친구가 나에게 질문하는 것은 고마운 일입니다. 질문이 없으면 대답도 없으니까요. 우리가 무엇인가를 묻고 답할 때 뇌에서 어떤 일이 벌어지는지 잠시 살펴볼게요.

자신이 관심을 두고 질문하거나 설명할 때, 인간의 뇌는 무척 예민해집니다. 그동안 자신이 기억하고 있었던 지식과 경험을 총동원하여 상대방과 상호작용하기 위해서 노력하는데요. 상호작용은 뇌 성장의 필수 요소입니다. 그래서 다른 사람에게 질문한 사람이 더 잘 알아듣고, 또한 자신이 설명하는 경우 자신이 생각했던 것보다 더 잘 설명할 수 있는 거랍니다. 내가 설명하는 과정에서 이미 나의 뇌에 입력되어 있는 지식이나 경험을 꺼내어 잘 표현할 수 있도록 연결하고 결합하는 과정이 진행되는데요. 이러한 과정을 '재구성 과정'이라고 해요. 그동안 습득해두었던 단순한 지식과 경험의 조각들이 표현의 과정을 거치면서 상황과 연결하는 기회를 얻게 되는 것이지요.

이렇게 서로 연결된 기억들은 장기기억으로 저장되면서 비슷한 상황에 처할 때 빠르게 판단하는 능력을 발휘하게 됩니다. 어렴풋하게 생각나는 일도 말이나 글로 자꾸 표현해보면 자신이 생각했던 것보다 더 잘 기억하고 설명할 수 있게 되는데요. 이렇게 연결하는 활동을 반복하다 보면 우리의 뇌는 어느새 단련되어 있지요. 즉 새로운 상황이 생겼을 때 판단력이 빨라지고 지혜롭게 대응하는 능력이 길러지는 것입니다. 일방적으로 듣기보다 자신이 궁금한 것을 질문하고 자기 의견을 표현했던 이슈들을 더 오래 기억하는 데는 이런 근거가 있습니다.

만약 친구가 뭔가를 물었는데 모둠 안에서 답해줄 사람이 없다면 함께 탐색해보고 다른 모둠의 친구들이나 선생님께 설명해달라고 요청하세요. 배움의 기회를 준 질문자 친구에게 고마워하면서요. 모르는 것을 침묵하지 않고 용기를 내서 물어봐준 친구 덕분에 함께 배우고 탐구하는 기회를 가질 수 있게 되었으니 말입니다. 그러면 어떻게 질문하고 답변해야 좋은 관계를 맺을 수 있을까요? 도움이 되는 대화법을 살펴보겠습니다.

대화사례 4

A: 아 잘 모르겠어. 짜증 나.

B: 네가 짜증 내니까 더 생각이 안 나.

C: 어디서 막혔는데?

A: 나도 잘 모르겠어.

C: 내가 좀 살펴봐도 돼?

A: 응.

C: 여기까지는 문제가 없는 것 같은데?

A: 그건 알겠는데, 이 부분에서 개념이 이해 안 돼.

C: 이 문제는 무척 복잡해. 내가 여기까지는 설명할 수 있어. 그다음
부터는 함께 찾아보고 다른 모둠 친구들에게 물어보자.

A: 도와줘서 고마워.

C: 함께 찾아보면서 나도 많이 알게 되었어. 물어봐줘서 내가 더 고마워.

이렇게 친구와 대화하며 탐색해나가면 모르는 문제를 함께 해결할 수 있는 힘을 얻게 됩니다. 예상하지 못했던 새로운 해결 방법을 찾을 수도 있고, 더 알고 싶은 내용이 생겨서 다른 친구나 선생님에게 물어볼 수도 있습니다. 배움이 깊어질 수 있는 거죠. 따라서 친구가 질문하면 아는 만큼 성의껏 설명해주세요. 내가 모르는 문제를 친구가 물어볼 때도 "나도 모르는 걸 물어보면 어떡해?"라고 짜증을 내기보다는 솔직하게 상황을 인정하면서 함께 자료를 검색하고 찾아보면 좋겠습니다.

❸ 이해가 안 되는 말은 묻고 확인한다

모둠 활동에서 친구가 이야기한 내용 중 이해가 안 되는 게 있을 때는 상대방에게 다시 물어보고, 정확하게 이해한 후에 다음 대화를 이어가야 합니다. 대충 넘어갔다가 나중에 뜬금없는 이야기를 하면 신뢰감을 떨어뜨리게 되거든요. 갑자기 다른 친구의 질문을 받았는데

아직 답변할 준비가 되지 않았다면, "잘 모른다."라고 솔직하게 말하는 편이 좋습니다. "아직 그 문제에 대해서 생각하지 못했다."라고 해도 좋아요. 그런 후에 혹시 모둠 친구 가운데 그 문제에 관심을 가진 사람이 있는지, 있다면 어떤 생각을 하고 있는지 의견을 물어보세요. 다른 사람들의 의견을 듣는 과정에서 나에게도 새로운 생각이 떠오를 수 있습니다.

만일 상대방의 의견을 듣던 중 더 자세히 알고 싶은 게 생긴다면 친절하게 다시 질문하세요. 질문은 서로 깊이 생각하고 이야기하는 계기가 됩니다. 질문할 때는 이해가 안 되는 부분에 대해서 "이 부분을 좀 더 자세히 말해줄 수 있어?"라고 구체적으로 묻는 것이 좋습니다. "그러면 다음에는 어떻게 될까?"라는 의문형으로 질문하는 것도 좋아요. 누구든 질문하는 과정을 통해서 더 많이 배우게 마련입니다.

친구들의 말 경청하기

학교행사를 마치고 소감을 나눌 때도 친구들의 말에 귀를 기울여야 합니다. 체육대회 등 학교행사를 치르다 보면 실수가 나오게 마련인데, 대개 서로 미안해하고 또 한쪽에서는 위로하고 그러더라고요. 이런 모습을 보면 여러분이 얼마나 학급을 위해서 서로 마음을 쓰고 노력하는지 알 수 있습니다. 이런 시간이야말로 서로를 위로하고 격려하면서 서로 가까워지고 친해지는 계기로 삼을 수 있습니다.

대화사례 5[1]

A: 탁구공 릴레이를 할 때 내가 탁구공을 떨어뜨렸는데, 너희들이 비난하지 않아서 미안하고, 고마웠어.

B: 긴 줄넘기를 할 때 내가 들어가자마자 내 발에 줄이 걸려서 내가 넘어졌잖아. 그때 너희들이 괜찮냐고 걱정해주어서 미안하고 고마웠어.

C: 괜찮아. 우리 열심히 했잖아.

이런 이야기를 들으면 친구들이 더욱 정답게 느껴지겠지요? 친구들에게 애정을 더 많이 느끼게 되고, 실수한 친구들에게도 너그러운 마음을 가질 수 있습니다. 앞으로 혹시 내가 실수해도 아이들이 이해해줄 수 있겠다는 생각도 들 거예요.

친구가 자신의 의견을 표현할 때는 우선 잘 들어주어야 합니다. 친구의 의견이 나와 같을 때도, 나와 다를 때도 경청해야 합니다. 그러면서 새롭게 떠오른 생각들이 있다면 또 이야기하고요. 대화란 이렇듯 서로의 생각을 솔직하게 나누면서 상대방을 알아가고, 미처 깨닫지 못했던 점이나 새로운 아이디어를 찾아내는 즐거운 과정입니다.

---

1   강부미 지음, 『가르침을 멈추니 배움이 왔다』 에듀니티(2021), pp.203-204.
2   강부미 지음, 『가르침을 멈추니 배움이 왔다』 에듀니티(2021), p.236.

대화사례 6[2]

A: 음, 나는 조금 생각이 달라.

B: 아, 나도 너랑 비슷하게 생각했어.

A: 나는 처음에는 그렇게 생각했는데, 지금은 생각이 바뀌었어.

B: 그럴 수도 있겠구나. 나는 거기까지는 미처 생각하지 못했어.

A: 나도 네 말을 들으면서 내 생각이 변하고 있는 것 같아.

위 대화의 A는 친구의 말을 들으면서 생각에 변화가 생겼습니다. 서로 자극을 주고받는 모습이네요. 이런 분위기라면 친구와 다음번에 다른 이야기를 나눌 때도 재미있을 것 같습니다. 친구들과 자신의 경험과 느낌을 나누는 깊은 대화는 좋은 관계를 맺어주는 지름길입니다.

사람들은 대체로 내가 말할 때 열심히 들어주는 친구에게 호감을 느낍니다. 친구의 말을 들으면서 그 친구를 이해하게 되고 더욱 가깝게 느낄 수 있습니다. 하지만 다른 사람의 말을 잘 듣지 않고 자기 말만 열심히 하는 사람들에겐 마음을 열게 되지 않아요. 대화할 때 가만히 보면 꼭 자기가 할 말만 서둘러서 하는 사람이 있는데요, 이들은 대개 상대방에 대한 이해도 정보도 부족한 경우가 많습니다. 이런 사람들과 함께 있으면 재미도 없고, 자존감에 상처가 나기도 해요. 뭔가 나를 무시하는 것 같은 느낌을 받게 되니까요. 여러분은 어떤 대화 상대가 되고 싶어요?

모둠 친구를 열린 마음으로 대하기

중학생들은 모둠을 구성하는 데 관심이 많습니다. 나랑 친하고 말이 잘 통하는 친구와 같은 모둠이 되면 환호성을 지르기도 하지요. 다소 소극적인 친구나 공부에 별로 관심이 없는 아이와 같은 모둠이 되면 한숨을 쉬기도 합니다. 어떤 학생은 교무실까지 찾아와서 모둠을 바꿔달라고 조르기도 합니다. 왜 이런 일들이 생길까요? 자신보다 우수한 친구랑 같은 모둠에 있으면 더 잘 배울 수 있다고 생각하기 때문이지요. 친한 친구랑 같은 모둠이 되면 더 즐겁다고 생각하고요.

정말 그럴까요? 아닙니다. 친하지 않았던 아이들이 모인 모둠, 서로 생각이 달라 보이는 친구들이 모인 모둠이 더 활발하게 대화하며 서로 더 많이 배워갈 가능성이 높습니다. 수업이 진행되고 모둠 활동이 시작되면 서로 다른 관점을 가진 친구와 새로운 친구들이 만나는 모둠이 더욱 진지하게 대화하는 현상을 발견할 수 있어요. 왜 그럴까요? 인간의 뇌는 새로운 목소리, 새로운 내용에 더욱 민감하게 반응하기 때문입니다. 또, 다른 장점도 있습니다. 생각이 다른 친구들이 모이다 보니 각자 자기 의견을 정확하게 표현하기 위해서 더욱더 부지런히 지혜를 모아낸다는 점입니다. 자기표현을 잘 하지 않거나 느리게 배우는 친구와 같은 모둠이 되면 좀 더 기다려주고 알기 쉽게 설명하는 과정을 통해서 새로운 배움도 가능해지죠.

모둠이 발표되면 모둠원들이 나를 반갑게 환영해주면 좋겠지요? 입장을 바꿔서 나도 다른 친구들을 반갑게 대해주면 좋겠어요. 간혹 공개적으로 싫어하는 표정을 짓거나 투덜거리는 친구들이 있는데요, 이런 것은 친구에게 상처를 주는 예의 없는 행동입니다. 생각 없이 그런 행동을 했다가 부메랑처럼 나에게 돌아올 수도 있고요. 모둠원들은 보통 고정적이지 않고 순환하기 때문에 언제든지 만날 수 있답니다.

인간이 서로를 믿고 도움을 요청하고 도움을 주는 과정은 공동의 기억에 의해서 관계를 형성하는 과정입니다. 가족, 우리 학급, 우리 학교에서 맺은 인간관계는 기억의 공동체라고 할 수 있죠. 어떤 면에서는 내 의지와는 상관없이 같은 공간에서 같은 상황을 경험하면서 공동체로 관계를 맺어가는 것인데요. 수업시간에 모둠 활동으로 만나는 친구들 역시 같은 공간에서 같은 문제를 두고 함께 대화하는 관계입니다. 배움이라는 목표를 향해 나아가는 학습공동체지요. 그러니 기억의 장소로서의 학교, 학급을 소중히 여기고, 기억의 공동체인 반 친구들과 선생님과도 좋은 관계를 맺어가야 할 것입니다.

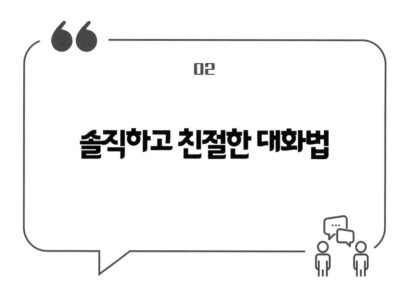

02

솔직하고 친절한 대화법

초등학교 때까지는 가족과 많은 시간을 보내고 가족들의 의견에 영향을 많이 받지만, 청소년이 되면 친구들과 있는 시간을 더 좋아합니다. 어떤 일을 결정할 때도 가족의 의견보다 친구들의 의견을 더 중요하게 생각하고요. 친구들과 잘 지내기 위해서라면 기분이 좀 좋지 않거나 하고 싶은 말이 있어도 참고 넘어가기도 해요. 집에서는 좀처럼 보기 힘든 모습이죠? 그만큼 청소년에게 친구는 거의 전부라고 보아도 지나치지 않습니다.

친구들과 좋은 관계를 유지하기 위해서는 어떤 말과 행동들이 필요할까요?

어떤 학생은 친구와의 관계를 유지하려고 불편해도 참고 지낸다고 합니다. 하지만 무작정 참을 수 없는 상황도 있게 마련입니다. 마음에 걸리고 불편한데도 '친구'라서 그냥 참아주는 것만으로는 좋은 친구가 되어 오래 함께하기 어렵습니다. 또 아무리 가깝게 지내는 친구라 해도 내가 느끼는 불편함이 무엇인지 정확하게 말하지 않으면 상대방은 모를 수도 있습니다.

예를 들어서, "그런 말은 좀 불편해." "친절하게 말해주면 좋겠어." "내 의견도 물어보면 좋겠어."라고 솔직하게 말해야 합니다. 친한 친구 사이에서 일어나는 불편한 마음을 표현한다고 해서 친구 관계가 엉망이 되는 건 아닙니다. 오히려 자신을 돌아보면서 서로 존중하는 시간을 갖게 되지요. 솔직한 마음 표현은 더 깊은 관계를 맺어주는 디딤돌이 됩니다.

욕이나 은어를 많이 쓰는 친구와 대화할 때

이상한 말을 많이 섞어 쓰는 친구나 욕을 많이 하는 친구와는 어떻게 대화해야 할까요? 욕설을 습관처럼 내뱉는 친구와는 말하기가 참 껄끄럽습니다. 듣고 있으면 민망하고요. 이런 친구들은 욕하는 습관을 고쳐야 합니다. 그래야 친구들과 좋은 관계를 유지할 수 있어요.

욕은 그 자체로 폭력입니다. 처음엔 '그냥 말일 뿐'이라고 생각하기 쉽지만, 욕설이 계속되면 어느 순간 자제력을 잃게 되고 결국 물리적 폭력까지 불러오게 됩니다. 흥미로운 점은 욕을 하는 친구들도 실제

거친 말은 거친 말을 불러옵니다.

로는 욕하는 사람들을 별로 좋아하지는 않는다는 사실이에요. 그러니 가까운 친구가 욕을 심하게 한다면 잘못된 언어 습관을 고칠 수 있도록 도와주세요. 계속 충고해도 고쳐지지 않는다면 멀리하는 것이 좋습니다.

제 경험을 나눠볼게요. 퇴근길에 우리 반 학생이 낯선 아이랑 함께 있는 것을 보았습니다. 누구일까 궁금하여 다가가는데 낯선 아이가 아주 심한 욕설을 하는 거예요. 저는 아이들에게 "무슨 일이냐? 누구에게 그렇게 욕을 심하게 하느냐?"라고 물어보았습니다. 욕을 했던 아이는 머쓱해하며 딱히 누구에게 그런 것은 아니라고, 화가 나면 그냥 아무에게나 욕을 한다고 대답했습니다.

그 순간 옆에 있는 우리 반 아이랑 눈이 마주쳤습니다. 아이는 자기도 친구가 욕하는 걸 듣고 깜짝 놀랐다고 말했습니다. 전에는 같은 반에서 잘 지내던 착한 친구였고, 오랜만에 만나서 집이 같은 방향이라 함께 가고 있었다는 거예요. 우리는 함께 걸어가면서 욕의 문제점에 대해 이야기를 나누었습니다.

같이 어울려서 놀면 재미있고 좋은 친구인데, 이상하게도 말할 때마다 욕을 섞어 쓰거나 이상한 말을 하는 친구들이 있습니다. 그럴 때는 그냥 넘어가지 말고 "야~ 쫌!" 하면서 눈치를 주는 것이 좋습니다. 만약 그 친구가 이런 도움을 무시하고 자꾸 욕을 하거나 이상한 말을 하면 그때는 좀 더 따끔하게 문제제기를 해보세요. 좀 어려울 것 같죠? 도움이 되는 대화의 사례를 살펴보겠습니다.

대화사례 7

(친구 B가 욕설 등 비속어와 이상한 말을 계속합니다.)

A: 야~~ 쫌!

B: 왜 기분 나쁘냐?

A: 재미없어.

B: 난 재미있는데?

B처럼 친구가 시비를 걸며 깐죽거리면 화제를 바꾸거나 아예 무시하거나 다른 활동으로 넘어가세요. 애정이 가는 친구라거나 관심이 있던 아이라서 잘 지내고 싶은 마음이 더 크다면 진심 어린 한마디를 덧붙여주는 것도 좋습니다.

A: 너처럼 그런 식으로 말하는 사람 많지 않아. 그리고, 너만 재미있다고 다른 사람이 재미없는 말을 계속하지 않았으면 좋겠어.

B: ….

툭툭 치며 말하는 친구에게 어떻게 대응할까

말할 때마다 옆 사람을 자꾸 툭툭 치는 친구들이 있어요. 이런 행동은 참 거슬립니다. 딱히 폭력이라고 하기에는 애매한 데다가 자기 나름대로는 친해서 그런다고 생각하기 때문이에요. 정색하고 "하지 마!" "자꾸 치지 마!" 이렇게 말하기도 좀 부담스럽습니다. 장난이라고 하지만 신경이 쓰이고 불편하다면, 화를 내지 않고 대응할 방법을 찾아야 합니다. 어떻게 말하면 좋을까요?

A: 웬만하면 주먹 쓰는 거 하지 마.

B: 어이없네. 장난이야 그것도 구별 못 하냐?

A: 너만 장난이지. 나는 재미없어

B: 심심해서 그런다 왜, 같이 좀 놀자고!(계속 툭툭 치면서 깐죽거린다.)

A: 툭툭 치는 행동 좀 그만둬.

B: 안 그만두면?

A: 다른 사람이 싫다는 일을 계속하면 폭력이라고 볼 수도 있어.

B: 폭력이라면 신고할 거야?

A: 그럴 수도 있지.

이 정도까지 충고했는데도 말이 통하지 않고 폭력적인 태도를 계속 보이면 어떡하나요? 그럴 때는 멀리하는 편이 좋습니다. 그러나 친구가 "미안하다."고 말하고 태도를 고치려고 노력하는 모습을 보이면 관심을 갖고 지켜봅시다. 툭툭 치는 것뿐 아니라 말로 표현하기는 어려운 이상한 행동을 할 경우에도 "하지 마라. 이상해." "그만해!" "그만하면 좋겠어!"라고 말해주어야 합니다. 그런데도 멈추지 않고 계속 반복하면 폭력 문제로 대응하겠다고 경고해야 합니다.

상대방이 싫다는 행동을 반복하는 무례한 태도에 대해서는 다음 예와 같이 정확하게 말해주어야 합니다.

- 나에게 몸으로 장난하는 것, 안 했으면 좋겠어.

- 이렇게 말해도 멈추지 않으면 속상해.

- 내 말을 존중해주었으면 좋겠어.

- 내가 그런 행동 싫다고 두 번이나 말했는데 계속하니 화가 나. 무시 당하는 기분이 들고 괴롭거든.

- 멈추지 않으면 문제 삼을 수 있다고 생각해.

상대방이 나를 만만하게 보거나 함부로 대하면, 혹은 불편함을 표현했는데도 아랑곳하지 않고 반복한다면, 이 또한 일종의 폭력입니다. 그럴 때는 거리를 두세요. 혼자 힘으로 감당하기 어렵다면 선생님이나 보호자와 내용을 공유하고 도움을 받으세요.

우리 모두 소중한 사람들입니다. 자기 몸과 마음이 상처받지 않도록 스스로 보호할 줄 알아야 해요. 그러나 혼자 힘으로 해결하기 어려운 곤란한 상황이 지속된다면 반드시 선생님이나 보호자와 상황을 공유하고 의논합시다.

시비 거는 친구와 대화하기

현장 체험학습을 가면 마음이 많이 풀어집니다. 교실이라는 닫힌 공간을 벗어나 자연과 함께하면 괜스레 즐겁고 편안해지죠. 평소보다 말도 자유롭게 할 수 있고 유머를 발휘할 수도 있어요. 그런데 이런 말들을 자연스럽게 받아들이지 않고 옆에서 면박을 주는 친구들이 가끔 보입니다. 물론 친구를 공격하려는 나쁜 의도로 그러는 건 아닐 테지만, 처음 한두 번은 신경 쓰지 않고 지나친다고 해도 계속 그러면 좀 불편해집니다. 그럴 때 잘 지내고 싶은 마음이 있는 친구라면 솔직하게 말해주는 것이 좋아요. 그 친구가 나에게 대놓고 시비를 걸거나 다른 사람들 앞에서 면박을 줄 때 솔직하고 정확하게 여러분의 마음을 털어놓아야 합니다.

이번에는 나에게 시비를 거는 경우 대응하는 방법과 나한테 그러는 것은 아니지만 다른 친구에게 시비를 거는 경우에 대응하는 대화법을 살펴보겠습니다.

A는 표현이 자유롭고 이야기도 재미있게 하는 편이라 친구가 많아요. A가 다니는 학교에서 가을을 맞아 북한산으로 현장 체험학습을 나갔습니다. 풍경이 아름답고 새들이 아름다운 소리로 지저귀며 가까이에서 날자 A는 기분이 좋았습니다. 그래서 한마디했지요. 그런데 친구 B가 자꾸 깐죽거리는 바람에 기분이 좋지 않았어요. 이번이 처음이라면 그냥 웃고 넘어갈 수도 있지만, 지난번에도 이런 식으로 끼어들었던 적이 있어서 마음이 불편합니다. B와 심각하게 다투고 싶지는 않지만 한마디 정도는 해주고 싶어요. 어떻게 말하면 좋을까요?

대화 사례 9

(나에게 시비를 거는 친구에게)

A: "와~ 기분 좋아~ 새들아 안녕?"

B: "너는 왜 그런 식으로 말을 하냐?" "새들이 알아듣냐?"

A: "내가 요즘 동물 언어 연구 중이야."

B: "뭐 연구 중이라고? 헐~."

A: "기분이 좋아서 그냥 말한 거야." "새한테 말 걸어서 피해를 보는 사람은 없잖아?"

그래요. 내가 즐거운 마음을 표현한 것뿐인데, 다른 사람에게 피해를 주는 것도 아닌데, 면박을 받을 이유는 없어요. B가 여기에서 멈춰주면 좋겠는데요. 계속 시비를 걸면 시시콜콜 일대일로 대응하며 말하기보다는 화제를 다른 방향으로 돌리는 편이 좋습니다. 다른 친구들이 있는 쪽으로 이동하면서 자연스레 이야기 주제를 바꿔보세요.

대화 사례 10

학급 전체가 현장 체험학습으로 숲에 나왔습니다. 그때 앞서 걸어가던 친구가 말합니다.

A: "얘들아~ 나 꿩 봤어."

B: "어쩌라고!" "뻥 치지 마셔!"

이번에는 나 아닌 다른 친구의 말에 시비를 거는 경우 편을 들어주는 예입니다. 위 대화에서 A는 시시비비를 가리며 논쟁하고 싶지는 않지만, 기분이 썩 좋지 않습니다. 자칫 분위기가 어색해질 수도 있는 상황이죠?

이런 경우에는 함께 있는 친구가 A의 말에 관심을 갖고 지지해주면 좋습니다. B와 같은 말을 계속 늘어놓는 것을 허용하면 A는 점점 더 기분이 안 좋아질 겁니다. 체험학습의 즐거움도 반감되고요. 이런 경우, 함께 있는 제3자인 C의 역할이 중요합니다. 하지만 C가 B에게 직접 한마디 하기보다는 A의 말에 관심을 보이며 지지해주는 편이 더 좋습니다. 예를 들어볼까요?

A: "얘들아~ 나 꿩 봤어."

B: "뻥 치지 마셔!" 또는 "그래서 어쩌라고~."

A: "…."

C: "꿩을 봤다고? 완전 운이 좋은데? 꿩이 행운의 새라는 말도 있더라."

친구 사이에 다툼이 일어났을 때 대화 요령

친하게 지내는 친구 사이에도 다툼이 발생할 수 있습니다. 서로 다투지 않고 항상 사이좋게 지내면 좋겠지만, 그런 일은 현실에서 잘 일어나지 않아요. 그러나 갈등이 꼭 나쁜 것만은 아닙니다. 의견 차이가 있거나 갈등이 생겨서 다툼이 일어났을 때, 문제 해결 과정을 통해서 서로를 이해하는 마음이 더욱 깊어질 수도 있습니다.

친구들과 다툼이 벌어졌을 때 가장 중요한 것은 무엇일까요? 그렇지요, 문제를 해결하는 것입니다. 친구 자체를 문제 삼을 게 아니라 친구와 나 사이에 왜 다툼이 발생했는지 그 점에 집중하여 함께 문제를 해결해야 합니다. 이때 명심해야 할 점이 하나 있어요. 친구를 공격하면 안 된다는 점입니다.

❶ 다툼을 일으킨 한 가지 문제에 집중한다

친하게 지냈던 친구와 다투는 경우, 처음에는 문제 해결보다는 좋은 관계를 유지하려는 마음이 더 크게 작용합니다. 친구끼리 서로를 참아 주는 가장 큰 이유죠. 그런데 이렇게 서로 참다 보면 언젠가 한 번쯤— 다툼이 일어난 바로 그 순간— 그동안 섭섭했던 감정들을 한꺼번에 폭발시킬 수 있어요. 그러면 서로의 관계가 서먹해집니다.

친구와 일이 생겨서 다툴 때, 첫 번째로 주의해야 할 점은 지금 다투고 있는 한 가지 문제에만 집중해야 한다는 것입니다. 줄줄이 떠오르는 대로 상대방의 과거 잘못을 늘어놓으면 안 됩니다. 사람의 감정이란 게 참 이상해서 서로의 잘못을 들추어내기 시작하면 그동안 사이좋게 지냈던 기억이랑 장점 같은 건 하나도 생각나지 않습니다. 섭섭했던 점만 자꾸 떠오르죠. 그러다 보면 괜히 서운해져서 결국 서로 으르렁거리게 됩니다. 두 번째로 주의할 점이 있습니다. 첫 번째만큼 중요

다툼에도 규칙이 있습니다.

한 것인데요, 다른 사람들에게 들었던 험담을 끌어와서 말하면 안 된다는 점입니다. 상대방이 여러분의 지나간 잘못을 늘어놓는 데 발끈해서 다른 사람의 평가를 말하는 순간, 두 사람의 관계는 돌이킬 수 없어집니다. 그러니 절대 분위기에 휘말리지 말고, 이번 싸움에서 문제가 된 점만 확인하고 다툼을 마무리하세요.

과거의 잘못들로 확대하지 않으려면 어떻게 말해야 할지 사례를 한번 살펴보겠습니다.

(점심시간에 상담실에 다녀왔는데, 친하게 지내는 친구가 다른 친구에게 내 험담을 하는 것을 듣게 되었습니다.)

• "그렇게 내 이야기를 다른 친구에게 하면 좋아? 지난봄에는 A에게 내 흉보고 오늘도 흉보다가 걸렸잖아?" ➞ "네가 다른 친구에게 내 단점을 이야기해서 마음이 섭섭했어. 나는 너를 친구라고 생각하니까, 다른 친구에게 내 험담을 하지 않았으면 좋겠어."

(다툼이 시작되자 친구가 나의 문제점들을 줄줄이 이야기합니다.)

• "너는 뭐 다 잘해서 내가 아무 말 안 하는 줄 알아? 지난 번에는 네가 이런 일도 했고, 저런 일도 했어." ➞ "이번 일은 미안해. 내가 좀 더 신경 쓸게. 다른 문제점까지 끌어들이지 않았으면 좋겠어. 나는 너랑 친구로 지내고 싶으니까."

❷ 극단적인 말은 피합니다

친구와 다툴 때 절대 욕하면 안 됩니다. 극단적인 말도 하지 않아야 해요. 극단적인 말은 항상 반론이 가능합니다. 상대방이 명백하게 잘못한 상황이라고 해도 내가 극단적인 말을 하면 다툼의 방향이 그 말에 대한 섭섭함이나 논쟁으로 진행될 수 있거든요. 그러면 다툼의 원인이 되었던 문제는 정작 다루어보지도 못하고 상황만 더 꼬입니다. 친구와 다툴 때 하지 말아야 할 극단적인 말들의 예를 함께 볼게요.

- "너는 나를 <u>한 번도</u> 좋게 말한 적이 없어."

- "<u>그동안 왜</u> 만났던 거냐?"

- "나를 아예 없는 사람 취급하면 기분이 좋아?"

- "나는 너를 <u>한 번도</u> 친구라고 생각한 적이 없어."

밑줄 친 단어들을 한 번 더 보세요. "한 번도" "그동안 왜"와 같은 극단적인 말들은 서로의 감정을 가시처럼 콕 콕 찌르기만 합니다. 함께 지내온 시간을 모두 부정하게 만들어서 모두를 더욱더 화나게 하죠.

사실 화가 난 상태에서 말하다 보면, 누구든 판단력이 뒤죽박죽되게 마련입니다. 생각지도 않게 위와 같은 극단적인 말이 튀어나오기도 해요. 문제는 화가 나서 극단적인 막말을 하고 나면 그다음에는 할 수 있는 말이 없다는 점입니다. 그러니 여러분, 꼭 명심하세요. 상대의 말에 반응하여 더 심하게 화를 내거나 헤어질 결심을 하면서까지 관계를 망가트리면 안 됩니다. 그건 정말 어리석은 선택입니다. 이럴 때 무조건 한 박자 쉬어 가세요. 심호흡을 하는 겁니다. 숨을 깊게 들이마시고, 속으로 하나, 둘 , 셋을 세고 나서, 숨을 내쉬는 것이지요. 이렇게 심호흡을 두세 번 반복하기만 해도 화가 가라앉고 스트레스가 약화되는 효과가 있답니다.

그러고 나서 "미안, 내가 지나치게 말했어. 우리가 그 정도로 나쁜 사이는 아니잖아." 또는 "내가 감정이 너무 격해져서 과하게 말했네. 미안."이라고 빨리 수습해야 합니다.

거꾸로 상대방에게서 극단적인 말을 들었을 때 역시 심하게 화를 내며 반격하지 않아야 합니다. 상대방의 말을 비판하면서 공격하기보다는 "그렇게 생각했구나." "그래도 우리가 그정도 사이는 아니지." 또는 "화나는 것은 이해해. 그래도 네가 너무 지나치게 말하니까 난 섭섭하다."라고 말합니다.

이렇게 하는 게 불가능하다고요? 어려운 일이긴 합니다만, 친구를 잃지 않으려면 노력해야죠. 서로 다툰다고 해서 기분에 휩쓸려 막말을 내뱉은 다음 관계가 틀어지면 누구 손해인가요? 두 사람 모두에게 손해입니다. 가장 중요한 사람을 잃게 되니까요. 서로 다투는 상황에서 상대방을 배려해주는 친구와 헤어지고 싶은 사람은 없습니다. 지금 당장은 섭섭해서 오가는 말들이 예쁘지 않지만 서로 아끼는 마음엔 변함이 없다는 것을 양쪽 모두 알고 있으니 말입니다.

화해하고 난 후에도 혹시 상대방이 좋지 않은 말을 사용하거나 극단적인 표현을 할 수 있습니다. 그럴 때는 같이 되받아치기보다는 다시 한번 한 박자를 쉬어주세요. 또는 "좀 전에 화해했잖아. 나는 너랑 또 싸우고 싶지 않다! 오늘은 이만 안녕."이라고 말하면서 마무리하는 것이 좋습니다. 화해하고 난 후에 바로 다투게 되면 처음보다도 더 섭섭한 마음에 불필요한 상처를 주게 되고 영영 원수처럼 지낼 수도 있으니까요.

❸ 상대방의 말을 잘 들어준다
싸울 때 최악의 상황은 두 사람이 동시에 소리를 높이는 것입니다.

생각해보세요, 이럴 때 서로의 말이 귀에 잘 들릴까요?

다툴 때는 자기 생각을 말하고 감정을 드러내는 것이 우선이기에 상대방의 말을 들으려고 하지 않습니다. 자신의 목소리를 높이는 데 온 힘을 기울이지요. 다툼이 시작되어 상대방이 목소리를 높일라치면 행여 질세라 같이 소리를 지르게 됩니다.

바로 이 순간, 한 박자 쉬며 상대의 말을 들어보세요. 말을 듣지 않고 동시에 말을 쏟아내면 두 사람 모두 각자 자신의 목소리를 높이는 데만 집중하기 때문에 상황이 정리되지 않습니다. 이럴 때 한 사람이 자기 말을 멈추고 상대방의 말을 들어주면 상대방도 일정 시간 말을 하고 난 후에는 자신의 감정을 정리하고 다른 사람의 말을 들어줄 여유를 되찾을 수 있답니다. 그러면, 서로 이야기를 주고받으며 문제를 해결하고 다툼을 잘 마무리할 수 있게 되지요.

03

사과할 때의 대화법

일상에서 우리는 잘못된 말과 행동을 하거나 생각지도 못한 실수를 저지르기도 합니다. 때로는 내가 했던 말이나 행동을 상대방이 오해하는 바람에 섭섭함이 쌓이기도 합니다. 이렇게 나도 상대방도 실수할 수 있습니다. 우리는 완벽하게 설계된 AI가 아니잖아요.

이렇듯 누군가 실수하여 상황이 이상한 방향으로 흐르기 시작했다면, 어떻게 대처하면 좋을까요? 일단 상황을 정확하게 파악한 뒤 되도록 빨리 사과할 것을 권합니다. 잘못을 사과했다고 해서 품격이 떨어지거나 손해 볼 일은 없습니다. 도리어 용기 있는 사람으로 인정받게 되지요. 사람은 누구나 실수할 수 있고 잘못된 말이나 행동을 할 수 있습니다. 자기 잘못을 사과할 수 있는 사람은 자신을 돌아볼 줄 아는 사람, 자신을 성장시킬 수 있는 멋진 사람입니다.

사과의 지혜

사람이 가장 오래 기억하는 것은 자기의 모습입니다. 다른 사람들은 시간이 지나면 잊고 기억하지 않는 것들도 자신만은 기억합니다. 뇌가 기억하고 있기 때문이지요. 사과하는 나의 모습도 사과하지 않고 외면했던 나의 모습도 자신의 뇌에 각인되어 있습니다. 그런 여러 가지 기억들은 앞으로 살아가면서 해야 할 말과 하지 말아야 할 행동을 선택할 수 있게 해주는 힘이 됩니다.

상대방에게 진정성 있게 사과하려면 자신이 잘못한 점이 무엇인지를 구체적으로 인식해야 합니다. 나의 어떤 말과 행동이 상대방에게 상처를 주었는지, 그로 인해 상대가 어떤 괴로움을 겪는지 알아야 해요. 그리고 나서 공손한 자세로 자기 잘못을 인정한 다음 구체적인 언어로 사과하고 앞으로는 이런 일이 없도록 노력하겠다는 뜻을 밝혀야 합니다.

사과하는 데도 지혜가 필요합니다. 우선 기억해야 할 것은 사과할 때 태도가 중요하다는 점입니다. 다음으로는 언제 사과하느냐, 즉 사과의 시간도 중요하다는 점입니다.

먼저 태도에 관해 살펴보죠. 구체적으로 자기 잘못을 말하지 않고 그저 미안하다고 대충 넘어가거나 앞으로 개선의 방향도 제시하지 않는 것은 올바른 사과가 아닙니다. 자기 잘못이 아닌 것처럼 둘러대거나 상황을 문제 삼거나 다른 사람을 탓하는 것도 진정한 사과가 아니죠. 잘못하거나 실수하고도 이를 인정하지 않고, 사과하기를 거부하는 사람들은 중요한 일을 함께하기 어렵습니다. 신뢰가 떨어지기 때문입니다. 이런 사람은 성장하여 사회에 나갔을 때 사회생활에 곤란을 겪게 됩니다.

때로는 농담으로 한 말이 상대방의 기분을 상하게 할 수도 있습니다. 그럴 때도 농담이었다고 변명하지 말고 정중하게 사과하세요. "미안해. 다음부터는 이런 식으로 농담하지 않을게."라고요.

이번에는 사과의 타이밍을 살펴보죠. 사과하기에 가장 좋은 타이밍은 잘못을 인지한 바로 그 순간입니다. 사과란 자신의 말과 행동을 돌아보는 과정입니다. 잘못을 반성하고 앞으로는 행동을 개선하겠다는 의지를 전달하는 표현이죠. 그러므로 사과를 바로 하지 않는 사람을 보면 '이까짓 일로 내가 사과해야 하나?'라는 마음을 품은 건 아닌지 의심스러워집니다.

이제 사과하는 과정에서 사과하는 사람이 주의할 점과 사과를 받는 사람이 주의할 점들을 구체적으로 살펴보겠습니다.

사과하는 사람이 기억해야 할 점

❶ 문제점과 개선 방향을 구체적으로 이야기하기

> "지난번에 내가 이러이러한 점을 잘못했어."
>
> "미안해."
>
> "다음부터는 ○○○하도록 노력할게."

위와 같이 말하는 것이 기본입니다. 상대방에게 문제가 있었다고 해도 내가 사과할 때는 "그런데 말이야, 너도 실은 문제가 있었잖아?"라고 말하지 않습니다. 상대방의 잘못은 상대방의 과제로 남겨두는 아량이 필요합니다. 이것이 바로 사과할 때 지켜야 할 기본적인 예의입니다.

자신보다 나이가 어린 사람에게 사과할 때도 마찬가지입니다. 사과하면서 상대방의 문제점을 지적하고 개선하도록 요구하는 태도를 버려야 해요. 새로운 갈등의 시작이 될 수 있으니까요. 실제로 '사과한다'는 것은 자기 문제점을 인정하는 것일 뿐이지 상대방의 잘못을 깨우치기 위한 행동이 아니잖아요? 사과를 받는 사람이 '도대체 저의가 뭐야.'하는 반감을 품지 않도록 진심으로 사과해야 합니다.

물론 자신이 100퍼센트 잘못하지 않았을 수도 있습니다. 그렇다고 해도 '나도 잘못했지만 너도 만만치 않아.'라는 식의 언행은 삼가야 합니다. 진정한 사과는 조건을 붙이지 않고 자신의 문제를 중심으로 잘못을 인정하고 상대에게 양해를 구하는 것입니다.

❷ 사과는 자기 존재를 부정하는 게 아니다

사과는 자신의 '존재'를 사과하는 게 아닙니다. 자신의 여러 언행 중에서 잘못된 어떤 행동이나 태도, 언어 사용을 사과하는 것입니다. 잘못을 인정하는 것뿐이죠. 이를 확대하여 "나는 쓸모없는 인간이야."라든가 "나는 왜 매번 이런 실수를 하지?" 하면서 자신의 존재 자체를 부정할 필요는 없습니다. 오히려 자기 잘못을 인정하면서 자신의 존재 자체를 긍정하는 과정이라고 할 수 있어요.

인간은 누구나 실수할 수 있고 잘못된 판단을 할 수 있는 불완전한 존재입니다. 따라서 잘못이나 실수를 어물쩍거리며 넘어가지 않고 용기를 내어 인정하고 사과하는 과정을 통해 우리는 더 많은 것을 배우고 성장할 수 있습니다. 자기성찰의 시간을 갖게 되므로 잘못을 인정하고 사과하는 행위는 나 자신에게 가장 유익합니다. 더 나아가 나를 믿어주는 사람, 나와 함께 생활하는 사람들에게 신뢰감을 줄 수 있고, 앞으로 마음 편하게 좋은 관계를 맺게 해줍니다.

❸ 사과받는 사람의 태도를 문제 삼지 않는다

사과하는 사람은 자신이 무엇을 잘못했는지 문제점을 구체적으로 말하고, 어떻게 개선할 것인지에 대해서도 구체적으로 말해야 합니다.

사과하는 사람들이 흔히 겪는 실수가 있지요? 바로 "나만 잘못한 게 아니라 상대방에게도 문제가 있었다."라고 하면서 "왜 나만 사과하고 너는 하지 않느냐?"고 따지는 것입니다. '사과를 했으면 받아주고 끝내야 한다.'는 주장도 있고요. 그런데 사과하는 사람이 사과받는 사람의 태도를 문제 삼으면 사과의 진정성에 의문이 생기면서 새로운 다툼이 일어날 수 있습니다.

> "사과를 하면 받아줘야 할 거 아닙니까?"
>
> "사과했으니까 이제 된 것 아닙니까?"
>
> "사과했는데도 왜 계속 문제제기를 하냐고요."

이런 경우에는 사과의 진정성 면에서 의혹을 살 수 있습니다.[1] 대다수 사람은 껄끄러운 상황이 벌어지면 거기서 빨리 벗어나려고 하는데요, 이때 한 발 뒤로 물러서서 나의 잘못을 먼저 돌아보고 상대방의 상처를 위로하는 마음을 중심에 두어봅시다. 나의 문제점을 사과하고 정중하게 상대방의 반응을 기다리세요. 진심은 통하게 마련이잖아요.

---

1   박미자 지음, 『중학생 기적을 부르는 나이』(개정판), 들녘(2023), p.162.

사과받는 사람이 주의할 점

❶ 사과하는 사람의 마음을 이해하고 존중하기

사과하는 사람의 마음이 불편할까 봐 준비되지 않았는데도 억지로 사과를 받아줄 필요는 없습니다. 상대 마음을 편하게 해주려고 이해할 수 없는 일을 이해한다고 말하지 않아도 됩니다.

정말로 상대방을 이해할 수 있으면 "이해할 수 있어."라고 말하고, 상대방의 마음을 모두 이해할 수는 없지만 상황을 마무리하고 싶은 마음이 크다면 "네 마음을 이해하도록 노력해볼게." 정도로 대답하면 됩니다. 아직 두 사람 사이에 해결해야 할 과제가 남아 있다면, "좀 더 시간을 갖고 지켜볼게." 하고 솔직하게 말해도 좋습니다.

상대방이 고민을 많이 한 끝에 또는 심리적 어려움을 겪으면서 용기를 내어 사과했다면 "너도 마음이 힘들었을 텐데 사과해주어 고맙다."라고 말할 수 있습니다. 그렇지만 관대함을 과장하여 "네가 사과해주어서 모두 해결되었다."라고 하거나 "나는 이제 괜찮다."라고 말할 필요는 없어요. "앞으로 우리가 잘 지내도록 함께 노력하겠다." 혹은 "사과해줘서 고맙다." 정도로 말하면 됩니다.

이때 아주 주의해야 할 점이 있습니다.

상대방이 용기를 내어 사과하고 있는데 "그래, 너도 생각해보니까 잘못했지?"라는 식의 확인하는 말이나 "그러면 그렇지, 네가 잘못했을 줄 알았어." 하고 넘겨짚는 말은 하지 마세요. 사과하는 사람의 마음을 존중하지 않고 빈정거리면서 상대방을 규정짓는 말을 툭툭 던지는 것은 옳은 태도가 아닙니다. 예를 들어, "너는 원래 그렇잖아."라든지 "잘 못을 사과했으니 앞으로 어떻게 하는지 두고 보겠어." 같은 말은 용기를 내어 사과하는 사람을 힘들게 하고 무시하는 태도입니다.

인간은 불완전한 존재라서 잘못을 저지르기도 하고 사과도 하는 것입니다. 사과를 받을 때는 따뜻한 마음으로 받아들이는 동시에 자신도 상대방과 같은 실수를 하지 않도록 다짐해보면 좋겠습니다.

❷ 사과하는 방법이 옳지 않으면 문제점을 확인한다

자신이 잘못했으면 먼저 진솔하게 사과해야 합니다. 상대방이 자신이 잘못한 점에 대해서 구체적이고 정확하게 사과하지 않고, 장난처럼 넘어가려고 하면 사과받는 입장에서는 마음이 찜찜할 수 있어요. 그런 경우에는 친절한 목소리로 솔직하고 정확하게 상대방에게 사과의 의미를 확인해야 합니다.

예를 들어볼게요. A가 B에 대해서 나쁘게 말해서 B는 기분이 좋지 않습니다. 그래서 상황을 솔직하게 말했어요. A는 제대로 사과하기는커녕 장난처럼 어물쩍 넘어가려고 합니다. 그럴 때, 사소한 일이라면 웃고 넘어갈 수도 있지만, 명백한 잘못을 저지른 경우라면 A가 보여준 태도의 문제점을 반드시 짚어주어야 합니다.

대화사례 11

A: "기분 나쁘냐? 미안미안" (싹싹 비는 시늉을 함)

B: "너 지금 뭐 하는 거야?"

A: "사과하는 거지."

B: "….."

A: "설마, 내가 무릎 꿇고 빌기라도 하라는 거냐?"

이 같은 상황에서는 정확하게 상대방의 잘못을 말해주어야 합니다.

> B: "네가 사과한다고 하면서 장난처럼 말해서 나는 마음이 불편하고 속상해! 사과하는 것은 잘못을 인정하고 상대방의 마음을 위로하는 거라고 생각해."

이렇게 정확하게 자기 생각을 표현하면 그 순간 당장은 멋쩍어도 두 사람 모두에게 긍정적인 기회가 됩니다. 상대방에게는 자기 행동을 인식할 수 있는 계기가 되고, 말하는 사람에겐 자기 자신에 대한 신뢰감을 높여주는 순간이 되니까요. 그뿐 아니라 나중에 선생님을 만나거나 중재자를 만나서 시시비비를 가릴 때도 도움이 됩니다. 상대방의 변명에 대하여 문제점을 확인할 수 있는 근거가 되니까요. 이를테면 나중에 문제가 생겨 어른들 앞에서 "내가 사과했다고요." 또는 "내가 사과했는데도 말없이 가버렸다고요. 제가 어쩌겠어요." 등 그 친구가 변명하는 경우에 앞서 나누었던 말들을 확인하면서 사과의 의미를 일깨워줄 수 있습니다.

지나간 일도 사과하는 용기

다른 사람의 말이나 행동 때문에 받은 상처는 쉽게 잊히지 않습니다. 마음 깊은 곳에 간직하게 되는 경우도 많아요. 같이 잘 지내던 친구가 갑자기 과거의 문제점을 제기하거나 어렵사리 예전 이야기를 꺼낸다면 대개 그런 배경 때문입니다. 그럴 때 지나간 일이라도 진심으로 들어주고 사과하는 것이 좋습니다.

대화사례 12

"그런데, 너 그때 왜 그랬어?"

"언제? 무슨 일?"

"초등학교 4학년 때던가, 친구들에게 생일 잔치 초대장을 보내면서 나한테만 안 주었잖아."

"정말? 그래서 어떻게 했어?"

"애들 하는 이야기 듣고 나도 가도 되냐고 물었지. 그랬더니 네가 좋다고 해서 생일 잔치에 갔는데…. 나중에 보니 나만 초대장을 안 받았더라고."

"야, 그때 초대장을 달라고 말했어야지. 이제 와서 섭섭하다고 하면 어쩌라고!"

이렇게 말하면 오랫동안 묵혔던 이야기를 꺼낸 친구의 마음은 어떨까요? 사실 이런 이야기를 꺼낸 것은 '예전 잘못을 짚어서 양심의 가책을 느끼게 해야지.' 하는 의도가 아닙니다. 서로 속마음을 터놓을 정도로 친해졌다고 믿어서 꺼내는 것이지요. 그러니 다음과 같이 말하면 어떨까요?

"그런데, 너 그때 왜 그랬어?"

"언제? 무슨 일?"

"초등학교 4학년 때던가, 친구들에게 생일 잔치 초대장을 보내면서 나한테만 안 주었던 적이 있었어."

"그랬어? 내가 왜 그랬을까? 그래서 너는 못 왔어?"

"내가 가도 되냐고 물었더니, 네가 좋다고 해서 생일 잔치에 갔어. 나중에 보니 나만 초대장을 안 받았더라고."

"그래? 미안해, 네가 섭섭했겠네. 그때 나에게 물어봐주고 생일 잔치에 와주어서 고마워. 그리고, 지금도 섭섭한 점을 말해주어서 고마워. 정말 미안해."

친구나 가족끼리는 이미 지나간 일이지만 섭섭했던 기억이 여전해서 과거 일을 꺼내는 경우가 종종 있습니다. 당사자가 아닌 한 뭐 그렇게 작은 일을 오랫동안 담아두었나 하면서 이해하기 어려울 수도 있고, 의도하지 않은 일이었다면 억울하다고 생각할 수도 있을 겁니다. 그러나 당사자의 마음에 작은 상처라도 남아 있다면 이해심을 문제 삼기보다 빨리 사과하기를 권합니다. 그래야 더욱 좋은 관계를 만들 수 있어요. 친구가 이야기를 꺼내지 않더라도 스스로 미안한 마음이 들거나 잘못했던 일이 생각난다면 먼저 사과하면 좋겠지요?

지나간 일에 대해 사과받을 때는 보다 너그럽게 받아들이려고 노력해보세요. 현재의 일을 공격하기 위한 목적으로 과거 잘못을 끄집어내서 문제 삼으면 안 됩니다.

인간은 변화하고 성장하는 생명체입니다. 특히, 아동기와 10대 청소년기는 생활환경의 영향을 많이 받는 시기로 호르몬과 세포들의 변화 추이도 성장 속도도 엄청납니다. 그러니 어린 시절의 일이나 청소년기 초기의 실수에 대해서는 좀 더 너그러운 관점으로 받아들이는 연습도 해야 합니다. 이 모든 게 새롭게 배우고 성장할 수 있도록 기회거든요. 특히 책임이 큰 역할을 맡은 사람들이라면 더욱더 진실하게 사과하고 엄격하게 뒷일을 수습하는 연습을 해야 합니다. 청소년 여러분의 경우에는 후배보다 선배가 더 책임이 무겁겠지요?

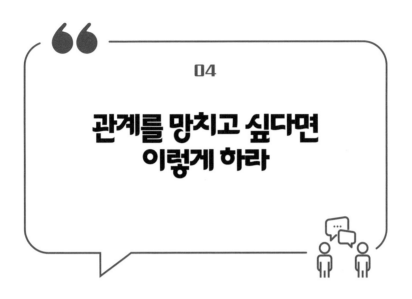

04

관계를 망치고 싶다면 이렇게 하라

소심하게 복수하기

소심한 복수는 낯선 사람과의 관계가 아니라 친한 친구나 가족 사이에서 흔히 일어납니다. 자신을 과도하게 통제하는 부모님이나 보호자에게 저항하기, 혹은 선생님이나 형제, 친한 친구에게 섭섭함을 느꼈을 때 삐딱하게 굴기 등이 대표적인 예입니다.

상대방이 말해도 못 들은 체하기, 불러도 대답 안 하기, 일부러 화장실 전등 끄고 모른 척하기, 상대방이 자주 사용하는 물건을 엉뚱한 곳에 놓기 등 사소한 저항으로 불만을 표현하고, 이로써 상대방을 곤란하게 하는 것인데요. 기본적인 심리는 '관심 끌기'라고 할 수 있습니다. 구체적인 사례를 살펴보겠습니다.

○○이는 그날 4교시를 끝내고 담임선생님과 상담 후, 급식실에 갔습니다. 자기 반 식사 줄이 이미 끝난 뒤여서 ○○이는 다른 반 줄에 섰습니다. 그런데 늦게 온 그 반 애들이 소란을 피우며 순서를 다투었어요. 급식 지도를 하시는 선생님께서 ○○에게 "네가 새치기한 거야?"라고 물었습니다. ○○이가 아니라고 말하려고 하는데, 선생님이 "너는 3반 아니잖아, 너희 반 찾아가라." 하고 지나가셨습니다. ○○이는 섭섭했습니다. '다른 선생님도 아니고, 평소에 좋아하던 국어 선생님이 어떻게 그럴 수 있어. 밥 안 먹는다. 안 먹어.' 하고는 교실로 와버렸습니다. 선생님이 불렀지만 뒤돌아보지 않았죠. 오후에 배속에서 꼬르륵 소리가 날 때마다 국어 선생님을 원망했습니다.

□□이가 중학생이 되자 아버지께서 더욱더 성적에 관심을 두게 되었습니다. 시험성적이 좋으면 칭찬하고 친척들에게까지 자랑했고, 성적이 떨어지면 용돈을 깎거나 게임 시간을 제한했습니다. □□이는 점점 마음이 힘들어졌습니다. 칭찬을 받아도 즐겁지 않았습니다. 그러던 어느날 □□이는 '내가 뭐 아버지 좋으라고 공부하나?'라고 생각하고는 엇나가는 행동을 하기 시작했습니다.

위의 사례들처럼 소심한 복수는 '나는 당신이 원하는 대로 움직이는 만만한 사람이 아니다.'라는 생각이나 '내가 마음먹고 당신을 실망시키

선생님이 나한테 그러실 줄이야!

면 많이 괴롭겠지.'라는 생각으로 평소와 달리 엇나가는 행동을 하는 것입니다.

가족이나 친구에 대한 심리적 기대가 일상생활에서 충돌할 때 누구든 섭섭한 마음을 품게 됩니다. 소심한 복수는 바로 이 섭섭함을 상대방에 대한 원망과 대립으로 표현하는 경우죠. 학교생활에서는 특정 과목 선생님들과 트러블이 있을 때 그 과목 공부를 소홀히 하는 현상으로 나타나기도 합니다. 그런데 꼭 기억해야 할 점이 있어요. 이러한 소심한 복수의 피해가 결국 청소년 당사자에게 돌아간다는 점입니다.

소심한 복수의 본질은 상대방에게 이해받고 격려받고 싶은 마음입니다. 그런데 자신의 마음을 말로 표현하지 않고 소심한 복수를 하게 되면 오해가 생기고 관계가 틀어지고 맙니다. 그러니까 삐딱선을 타기보다는 상대방에게 솔직한 마음을 표현해야겠죠? 결국 여러분의 속마음은 '존중받고 싶고, 더 좋은 관계를 맺고 싶다.'는 거잖아요.

노력을 무시하는 표현 쓰기

나를 가장 잘 아는 사람은 나 자신입니다. 어떤 결심을 했는지, 그것을 이루기 위해 현실에서 어떤 계획을 세워 꾸준히 실천하고 있는지 등등 구체적인 상황을 가장 잘 파악하고 있는 것은 본인입니다. 다른 사람들이 나에 대해 가진 정보는 실은 빈약하기 짝이 없어요. 기껏해야 겉으로 나타나는 행동과 말을 듣고 알 수 있는 것들이잖아요. 여러분, 이 사실을 꼭 기억하세요. 그래야만 다른 사람들의 말이나 평가에 상처받지 않고 소신껏 살아갈 수 있답니다.

어느날 ○○이가 스마트폰 보는 시간을 줄이고 운동을 좀 해서 근육을 키워야겠다고 결심했습니다. 몸이 건강하면 힘든 상황이 와도 비교적 잘 견뎌낸다는 이야기를 들었거든요. 특별히 무엇인가를 하기보다는 등하교 시간을 이용하기로 했습니다. 아침에는 버스에 서서 발꿈치를 들었다 내렸다 하는 동작을 계속하고, 하교 시에는 두 정거장 전에 내려서 집까지 걷고요. ○○이는 이 결심을 벌써 3주째 지켜나가고 있습니다. 그런데 이 사실을 알게 된 □□이가 이렇게 말했습니다. "야, 그런다고 네가 근육남이 될 거 같냐? 차라리 헬스를 끊어!" 하고요. ○○이는 갑자기 마음이 팍 상해버렸어요.

나는 변화를 위해 일정 기간 꾸준히 계획을 실천하고 있지만, 다른 사람들 눈에는 별거 아닌 것처럼 보일 수 있습니다. 누구나 자기 관점과 입장에서 남을 평가하니까요. 그들은 내가 어떤 결심으로 노력하는지를 모르는 상황이니 '헛된 노력을 한다.'라고 비하할 수도 있어요. 하지만 남들은 나에 대해서 아무것도 모릅니다. 내가 왜 그런 결심을 했는지, 그 결심의 끝에 어떤 목적이 있는지 알 리가 없습니다. 그러니 다른 사람들이 일방적으로 나를 규정하고 평가하는 데 크게 신경 쓰지 않아도 되겠지요?

평소에 책을 잘 읽지 않던 B가 요즘 큰 결심을 하나 했습니다. '책 좀 읽어보겠다.'고 말입니다. B랑 친하게 지내는 A는 이 모습이 너무 낯설었어요. 왜 저러나 싶기도 했겠지요. 어느날 A는 B가 자기랑 놀지 않고 책 읽는 걸 보았습니다. 자기 관점에서 상황을 규정한 A는 B에게 다가가 놀자고 합니다.

대화사례 14

A: "너 책 읽냐?"

B: "응."

A: "미쳤냐? 하던 대로 하고 살아."

B: "나 원래 책 좋아하는 편이거든."

A: "갑자기 뭔 일이냐? 인생 얼마나 산다고 골치 아프게 사냐? 그냥 좀 놀아."

B: "나 좀 내버려두라고!"

A: "헐~ 내가 뭘 어쨌다고? 나 간다."

B: "같이 가!"

앞의 대화에서 누가 바뀌어야 할까요? 어떻게 해야 두 사람이 나누는 대화의 질이 변화할 수 있을까요?

제가 ◎◎여중에서 강의할 때 이 대화 사례를 함께 살펴본 적이 있습니다. 누가 바뀌어야 하는지, 왜 그런 생각을 했는지 여러 학생의 의견을 들어보았죠. A가 바뀌어야 한다는 의견이 많았습니다. A처럼 친구가 하는 일을 자기 관점에서만 마음대로 규정하고 "미쳤냐?"라는 식으로 조롱하듯 이야기하는 것은 친구 관계의 기본을 무시하는 거라면서요. A가 변화해야 앞으로 친구 관계를 유지할 수 있을 거라는 의견도 있었습니다.

B가 바뀌어야 한다는 학생들의 의견도 만만치 않았습니다. B가 자신을 이해하고 존중해주지 않는 A의 말에 머뭇거리지 말고 자기 마음을 더 확실하게 표현해야 한다는 거예요. 친구가 나를 잘못 판단하고 무시하는 경우, 친구의 말에 끌려가지 말고 소신껏 자기 생각을 밝혀야 변화를 도모할 수 있다는 뜻이었는데요. 특히, 마지막 말처럼 자기 결심을 내던지고 "같이 가."라고 따라가면 "호구[1] 잡힐 수 있다."고 말하는

---

1   호구[1]잡히다: 어수룩하여 남에게 속거나 이용당하기 좋은 사람이 되어 남에게 이용당한다는 뜻이다. 호

학생도 있었습니다. 친구한테 휩쓸려서 자신의 결심이나 규정이 흔들리게 놔두는 것은 변화를 위해서 노력하는 자신에 대한 예의가 아니라는 의견도 있었고요.

그러면 이럴 때 어떻게 해야 할까요? 자신의 결심과 계획을 말로 적극 표현해야 합니다. 마음에 품은 것을 말로 표현하는 순간 자신의 규정이 확실해지고, 자신과 친구에게 현재 자신의 모습을 정확하게 각인시키게 됩니다. 이런 행동은 일종의 '자기 암시'(autosuggestion)라고 볼 수 있는데요. 보이지 않는 것을 '말하기'라는 구체적인 행동을 통해 객관화하고 동시에 가능성을 열어주는 것입니다. 사례를 같이 볼게요. 친구에게 자신의 결심을 표현할 수 있는 말로 바꿔보았습니다.

대화사례 15

A: "너 책 읽냐?"

B: "응."

A: "미쳤냐? 그냥, 하던 대로 하고 살아."

B: "나 원래 책은 좋아하는 편이야."

A: "헐~ 갑자기 뭔 일이냐?"

B: "재미있는 일 좀 만들어볼까 해서."

구(虎口)는 호랑이 입이라는 뜻으로 이용당하기 좋은 사람을 비유하는 말이다.

A: "책 좀 읽으면 없던 재미가 생기냐?"

B: "응. 지금 읽고 있는 책도 괜찮아. 너도 읽어볼래? 빌려줄까?"

이때 친구가 "진짜? 너 완전히 돌았구나."라고 말할 수도 있습니다. 그러면 화내지 말고 "응. 조금이라도 바꿔보려고 해. 너도 함께할까?" 라고 오히려 적극적으로 대꾸해야 합니다.

인간의 뇌는 생각과 계획을 말이나 글로 표현할 때, 방향을 정하고 변화하기 위해서 준비합니다. 그런데 다른 사람들의 기억은 나의 과거에 대한 모습에서 멈춰 있는 경우가 대부분입니다. 다른 사람의 기억이나 규정에 좌우되면 변화하기가 어렵다고 보는 이유입니다. 그동안의 습관을 조금이라도 바꾸고 싶다면 여러분의 다짐을 말로 표현하여 그 목소리를 나 자신에게 각인해주세요. 글로 써두는 것도 좋습니다. 이렇게 변화를 위한 본인의 준비가 끝났다면 친구에게도 나를 다른 방향에서 볼 수 있도록 힌트를 주어야 합니다.

인간의 뇌는 인간이 방향을 갖고 말이나 글로 표현하는 순간 당사자가 생각하는 방향으로 연결하고 기억합니다. 그런 다음 기억한 내용들을 실천하기 위해서 다음 일들을 계획하고 준비하죠. 말과 글은 변화를 표현하고 변화를 시작하겠다고 선언하는 적극적인 자세입니다

새로운 목표가 생겼다면 나의 다짐을 글로 표현해보세요.

작은 변화 무시하기

성적과 관련된 변화는 우연히 일어나는 일이 거의 없습니다. 성적을 조금이라도 높이려면 굉장히 노력해야 하잖아요. 여러분 중에도 노력을 많이 했는데 생각보다 변화가 더디어서 실망하는 사람이 많죠? 방과 후에는 도서관으로 직행하고, 집에 가서는 새벽 1시까지 매일 공부했는데도 성적이 크게 오르지 않아 좌절하는 학생도 많습니다. 그런데 속사정을 모르는 친구들은 "너는 나랑 안 놀고 매번 도서관 가더니 겨우 평균 2점 올랐냐?"라고 놀릴지도 몰라요. 남들은 대개 겉으로 드러난 성과를 보고 판단하기 때문입니다. 여러분 자신은 어떤가요? 스스로 목표를 세우고, 그것을 달성하기 위해 실천하고 노력했던 시간을 온전히 기억하죠?

사람들은 자기 기억 속에 담아둔 내용을 바탕으로 남을 판단하곤 합니다. 현재 일어나고 있는 변화보다는 자신이 기억하는 과거의 내용을 기준으로 삼으니까요. 그래서 상대방의 변화나 계획에 민감하게 반응하기보다는 '평소 하던 대로'의 모습을 강요합니다. 왜냐하면 그쪽이 나에게 편리하기 때문입니다. 여러분, 이런데도 우리가 남의 판단이나 평가에 따라 흔들려야 할까요?

내 말을 가장 먼저 듣는 사람은 나 자신입니다. 생각이 말로 튀어나오는 데 걸리는 시간은 측량할 수 없지만, 생각이 말보다 먼저라는 것은 부인할 수 없는 사실입니다. 나의 생각과 나의 말을 가장 먼저 깨닫고 듣는 사람은 나 자신일 수밖에요. 또한 나는 '변화를 위한 노력의 시간과 실천의 시간'을 누구보다 확실하게 기억하는 당사자입니다. 그리고 우리는 그 시간을 기억하고 자각함으로써 변화하고 성장하는 데 필요한 힘을 얻어요.

남의 말이나 판단에 휘둘리지 말고 변화하기 위해서 애썼던 나의 시간을 소중하게 여기세요. 그런 사람만이 변화를 만들어낼 수 있습니다.

대화사례 16

A: "고작 점수 몇 점 올리려고 그 고생을 했던 거야?"

B: "나름대로 열심히 했는데."

A: "그러니까, 그렇게 열심히 하더니 고작 이거냐고. 그 시간에 다른 일을 해라."

B: "뭐라고?"

A: "살던 대로 살라고. 야, 우리 나가자."

B: "…같이 가."

이번 대화는 어떤가요? ◎◎여중 학생들의 의견을 한 번 더 들어보 겠습니다.

역시 A가 바뀌어야 한다는 의견이 대세입니다. 특히 '고작'이라는 단어는 쓰지 말았어야 한다네요. 상대방의 노력이나 행동을 무시하는 말이라는 것입니다. B가 나름대로 열심히 했다고 말하는데도 A가 또 한 번 '고작'이라는 말로 상대방을 무시하는 것은 좋지 않은 태도잖아 요? 그러니 B가 자신을 존중하지 않고 무시하는 친구의 말에 동조하 거나 자신감을 잃고 흔들릴 필요는 없습니다. 상대방을 무시하면 자 신이 올라간다고 착각하는 사람들이 있습니다. 상대방을 무시하는 순 간 상대방은 나와의 관계에서 멀어질 뿐입니다.

B가 바뀌어야 한다는 학생들도 있습니다. 살던 대로 살라고 말하는 A를 따라가면 변화가 없다는 거죠. 이럴 때 "먼저 가."라고 말하고, 자

변화는 이미 시작되었습니다.

기가 계획했던 일에 도전해보는 뚝심이 필요하다고 하더군요.

성적이란 건 참 이상합니다. 공부는 열심히 했는데 성적은 아주 조금만 올라요. 오르기는커녕 현상 유지만 겨우 하는 경우도 많고요. 이러니 종종 능력을 의심하고 절망하게 됩니다.

그런데 말이에요, 참 신기한 일이 있습니다. 좋은 방향으로 변화하려고 노력하는 사람은 '작은 변화가 시작되는 순간의 설렘'을 알고 있다는 사실이죠. 변화하기 위해서 노력한다는 것은 이미 새로운 길에 들어섰다는 의미이기 때문입니다. 작은 변화를 무시하는 사람의 말에 대응하는 대화법을 살펴보겠습니다.

A: "고작 점수 몇 점 올리려고 그 고생을 했던 거야?"

B: "나름대로 열심히 해서 버텨냈지."

A: "그러니까, 열심히 하더니 고작 이거냐고. 그 시간에 다른 일을 해라."

B: "일단 계획을 세웠으니, 노력해보려고~."

A: "그래?"

B: "내가 노력해도 성적이 잘 안 오른다고 했더니, 우리 아빠가 그러더라고~."

A: "너네 아빠라 뭐랬는데?"

B: "물이 끓는 온도는 100도라고. 물을 가열을 해도 99도까지는 변화가 안 일어나지만, 사실은 변화가 일어나는 마지막 1도를 위한 준비를 한다는 거야. 그 말 들어보니까 일리가 있어서 나도 변화가 일어날 때까지 노력을 계속하려고. 너도 나를 응원 좀 해주라."

　　◎◎여중에서 강의를 마무리하고 난 후 몇몇 학생들이 찾아왔습니다. B가 마지막에 말했던 아빠의 충고를 기억하고 싶다면서 그 장면의 PPT를 보여달라더군요. 학생들은 사진을 찍으면서 "진짜 이 말은 일상에서 변화를 시도하는 사람들이 꼭 기억해야 할 말이다." "과학적인 근거가 믿음을 준다."고 했습니다.

　　공부할 때나 책을 읽을 때 처음에는 별다른 변화를 느끼지 못할 겁니다. 시간만 잘 가는 것 같고요. 포기하고 싶은 마음도 굴뚝 같을 겁니다. 이럴 때 기억하세요. 생활하면서 어떤 변화를 일으키기 위해서 결심하고 계획을 세워 노력한다는 것은 물을 가열하는 것과 같다는 것을요. 모든 일에는 99도까지 오르는 시간이 필요하다는 점을요!

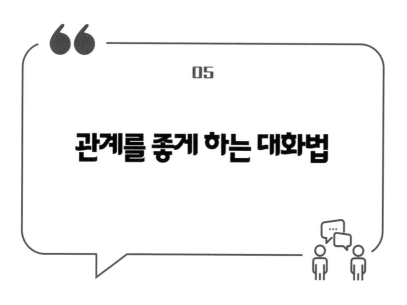

05

관계를 좋게 하는 대화법

서로 이해하는 대화

❶ 대화의 목적은 설득이 아니라 이해입니다

우리는 모두 다르게 태어납니다. 국적이나 성별, 부모나 환경 등 그 어느 것도 내가 고를 수 없어요. 그리고 "쌍둥이도 다르다."라는 말처럼 제각기 다른 삶을 살아갑니다. 이 세상에 하나밖에 없는 소중한 사람으로서 각자 다른 생각을 하며 살고 있죠.

이런 상황에서 함께 살아간다는 것은 서로의 존재를 발견하고 인정하는 것을 의미하는데요, 대화는 이 과정에 꼭 필요한 매개체입니다. 타인과 소통할 수 있는 가장 손쉽고 정확한 도구죠. 대화를 통해서 내 생각을 표현하고 상대방의 생각을 발견하며 서로를 이해하게 됩니다.

서로 존중하는 대화는 상대방을 설득하여 내가 생각하는 방향으로 이끄는 것이 아닙니다. 설득이 목적이라면 서로 존중하는 대화라고 보기 어렵습니다. 어떻게든 자기 뜻을 따르게 하려고 상대방의 의견을 무시하거나 강요할 수 있으니까요. 그러한 사례를 한번 살펴보겠습니다.

"이리 와서 대화 좀 하자."

"…."

"어떻게 했으면 좋겠어?"

"학원 한 개만 끊고, 연극반 동아리 들어가고 싶다고요."

"그렇게 여러 번 말을 해도 이해를 못 하겠냐? 네가 연극 할 시간이 어디 있어. 지금 하고 있는 것들을 중단하면 모든 계획이 틀어지잖아. 이 문제는 안 돼. 제발 말 좀 들어."

"???"

"강아지가 왜 이렇게 꼬질꼬질하냐? 강아지 목욕 좀 시킬까?"

"괜찮은 것 같은데. 목욕시킨 지 며칠 안 됐어요."

"괜찮기는 뭐가 괜찮아? 털이 회색이 됐구만. 얼른 온수 받아."

"아~, 나 지금 딴 거 하고 있는데 좀 이따가 하면 안 돼요?"

"도와주겠다는 데 뭔 말이 많아."

> "좀 이따가 제가 알아서 씻길게요."
>
> "알아서는 무슨. 빨리 와! 내 말 안 들려?"[1]

그런데 우리가 기억해야 할 중요한 점이 하나 있어요. 모든 사람이 자기의 생각과 살아온 경험을 중시하기 때문에 다른 사람의 말에 설득 당하고 싶어 하지 않는다는 점입니다. 문제는 이렇게 자신만의 의견을 내세울 때 개인이든 조직이든 발전할 여지가 줄어든다는 점이지요. 서로 소통하고 이해하는 가운데 더욱더 효율적이고 바람직한 해결책을 찾게 되기 마련이거든요. 그러니 내 생각만 고집할 게 아니라 상대방의 편에서 생각하는 여유를 가지면 좋겠습니다.

소통을 제대로 하려면 어떡해야 할까요? 우선 상대방의 말을 잘 듣고 그가 어떤 생각과 상황에서 그런 이야기를 했는지 이해해야 합니다. 대화의 본질이 바로 '이해'이기 때문입니다. 우리가 대화를 나눌 때 나의 의도와 목적을 전달하는 데 급급하지 말고 상대방의 생각과 경험을 이해하고자 귀를 열어야 한다고 강조하는 배입니다. 그다음 중요한 점은 내가 어떤 말을 할 때 상대방이 잘 이해할 수 있도록 표현해야 하며, 앞뒤 맥락을 요령껏 잘 설명해야 한다는 것입니다.

예를 들어볼게요. 앞의 사례에서 (어른인 누군가가) "도와주겠다는 데 뭔 말이 많아." 하고 윽박지를 때 "좀 이따가 제가 알아서 씻길게요."라

---

1   박미자 지음, 『중학생, 아빠가 필요한 나이』 들녘(2014), p.128.

고 대답하면 소통은 이루어지지 않습니다. 어른 말을 거역하고 '알아서 할 테니 상관하지 마라.'고 하는 버릇없는 아이로 보일 뿐이에요. 이럴 때는 지금 처한 상황을 더 자세하게 설명하면서 상대방의 이해를 구해야 합니다.

> "아~, 나 지금 딴 거 하고 있는데 좀 이따가 하면 안 돼요?"
>
> "도와주겠다는 데 뭔 말이 많아."
>
> "아빠, 지금 저 내일 학교 모둠에서 발표할 PPT 만드는 중이에요. 각자 맡은 게 다른데 저는 PPT 담당이거든요. 애들 중에서는 제가 가장 잘해요. 요거 하고 나서 씻길게요."
>
> "그래? 아빠가 그것도 모르고 성화해서 미안하구나. 열심히 하렴!"

대화는 상대방이 나처럼 생각하도록 설득하는 게 아닙니다. 거꾸로 상대방의 생각에 나를 맞추기 위한 것도 아닙니다. 서로 다른 생각을 하는 사람들이 서로의 존재를 발견하고 상황을 이해하고 더 좋은 결과를 향해 나아가게 해주는 든든한 다리입니다.

❷ 한 번 더 설명한다

내가 한 말을 듣는 사람은 상대방입니다. 내가 나름대로 잘 설명해도 상대방은 내 말의 의미를 이해하지 못할 수 있어요. 때로 나는 매우 진지하게 이야기했는데, 상대방은 대수롭지 않게 지나칠 수도 있습니다. 그럴 때는 내 마음을 몰라준다고 섭섭해하기보다 상대방은 나와 다른 사람이니 내 말과 마음을 한 번에 이해하지 못하는 게 당연하다고 여기세요.

친구는 물론이고 부모와 가족들도 자기 삶이 있기에 내가 구체적으로 말해주지 않으면 내 마음의 상태를 정확하게 파악할 수 없습니다. 누구나 자신에게 중요한 일이 우선이므로 다른 사람의 상황에 세세하게 마음을 쓰기가 어렵죠. 그럴 때, 상대방을 탓하거나 상대방의 생각을 확대 해석하는 것은 좋은 대화법이 아닙니다. 예를 들어 다음과 같은 말은 하지 않는 것이 좋습니다.

> "몇 번이나 말해야 알아듣는 거야?"
>
> "친구 맞아? 나에게 신경은 쓰고 있는 거냐고."
>
> "내 말이 그렇게 우습게 들리냐?"
>
> "왜 내 말을 오해하는데?"

이런 말은 상대방을 탓하거나 상대방의 생각을 추측하여 확대해석하는 특징이 있습니다. 좋은 대화법이라고 하기 어렵죠? 상대방이 나를 이해해주기를 바란다면 '너는 내가 아니니까 다른 생각을 할 수 있지.' 또는 '내 마음을 자세히 알 수는 없겠지.' 하는 식으로 이해해야 합니다.

즉 듣는 사람의 이해심을 탓하지 않는 것입니다. 나는 열심히 설명했지만 상대방이 이해하지 못했을 때는 어떻게 할까요? 이때도 그의 이해심을 탓하기보다 '내가 알아듣기 쉽게 말했나? 뭔가 설명이 부족한 건 아닌가?' 하고 나 자신을 확인하는 시간으로 삼으면 좋겠습니다.

대화할 때도 지혜가 필요합니다. 말하는 사람은 상대방이 내 말을 잘 이해할 수 있도록 내용을 구성해야 하고, 듣는 사람은 상대방을 잘 관찰하고 이해하며 들어야 합니다. 내가 말하는 입장일 때는 상대방의 듣는 능력을 탓하지 않고, 내가 듣는 입장일 때는 상대방의 말하는 능력이 부족하다고 탓하거나 나에게 관심이 없다며 원망하지 않아야 합니다. 특히, 내가 말했는데 상대방이 이해하지 못했을 때는 상대방이 좀 더 잘 이해할 수 있도록 친절하게 한 번 더 설명하기를 권합니다.

"너희 반 체험활동 어디로 가?"

"과천대공원."

"그래? 우리 반도 과천대공원으로 가기로 했어."

"잘 됐다."

"이번에는 각자 도착해서 매표소 앞에서 만나기로 했는데 너희는 어때?"

"우리 반도 그래."

"우리 만나서 같이 갈까? ○○지하철역에서 8시에 만나면 어때?"

"왜?"

"??"

"…"

"아, 그러니까 너희 반이랑 우리 반이 현장학습을 과천대공원으로 가잖아. 이번에는 모둠별이 아니고 각자 찾아오라고 했으니까 우리가 ○○지하철역에서 8시에 만나서 같이 가자는 뜻이야."

"응, 알았어. 좋아!"

❸ 상대방이 내 말을 전혀 안 듣는 경우

나에게 무척 중요한 문제가 생겼습니다. 친구와 의논하고 싶어서 대화 자리를 마련했어요. 열심히 설명한 다음 친구에게 의견을 물었는데, 전혀 내 이야기를 듣지 않았는지 당황한 표정으로 대답이 없습니다. 이런 불편한 상황을 피하려면 어떻게 하면 좋을까요? 중요한 문제를 털어놓거나 친구의 의견을 듣고 싶어 대화를 청할 때는 상대방에게 '지금 내 이야기를 잘 들어줄 수 있는지' 먼저 확인해야 합니다.

예를 들어볼게요. 학교에서 수행평가 시험 때문에 시간이 부족하여 학원을 잠시 끊고 싶습니다. 같은 학원에 다니는 친구가 있어서 의논하고 싶어졌습니다. 친구에게 진지하게 이야기를 꺼냈는데 웬일인지 친구가 건성으로 듣는 것 같아요. 본인 이야기를 다 하고 난 다음 의견을 물었는데 아무 반응이 없습니다.

친구가 내 이야기를 듣고 있지 않았다는 것을 확인하면서 섭섭한 마음이 가득 찹니다. 더는 말하고 싶지 않아요. 그런데 친구는 입장이 조

친구야, 내 말을 듣고 있는 거니?

금 다를 수 있답니다. 자기에게 닥친 문제가 더 커서 친구가 학원을 잠시 끊는 일은 신경을 쓸 수 없는 상황일 수도 있어요. 이럴 경우 상대방을 원망하거나 섭섭해하기보다 지금 그가 몰두하고 있는 게 무엇인지 물어보고 이야기를 마쳐야 합니다.

> "나 학원 하나 끊을까 생각 중이야."
> "그래?"
> "이번에 과목마다 수행평가를 하는 기간이 겹쳤어. 수행평가가 너무나 밀려서 감당이 안 돼. 우선 수행평가부터 하려고."
> "응."
> "너, 내 말 듣고 있어?"

(친구는 대답 대신 한숨을 쉽니다. 내 말을 듣지 않고 있었나 봅니다. 순간 섭섭한 마음이 밀려왔지만, 한 박자 쉬고 친구에게 관심을 갖기로 합니다.)

"무슨 일 있는 거야?"

"…."

"왜 그래, 무슨 일이야?"

"사실은 우리집이 갑자기 이사를 가게 생겼어."

"뭐라고, 이사를 간다고?"

친구는 갑자기 이사하게 되어서 내가 수행평가 준비로 학원을 끊고 싶다는 말이 들리지 않았던 것입니다. 이처럼 친구와 함께한다는 것은 내가 중요하게 생각하는 문제를 공유하는 것뿐 아니라 상대방이 중요하다고 생각하는 문제도 함께 생각하고 존중하는 것입니다.

반대의견을 허용하는 대화

❶ 의견에 반대하는 것을 나를 싫어하는 것으로 오해하지 않기

앞에서 저는 대화란 나와 타인과 소통하는 것이라고 말했습니다. 대화의 본질은 이해라고 했고요. 그러니 이해하고 싶지 않은 사람과는 굳이 진지한 대화를 나누지 않을 겁니다. 이 점을 기억한다면 대화하는 데 요령이 생깁니다.

특히 나의 의견에 반대하는 친구나 가족들의 의견을 나 자신에게 반대한다고 오해하지 않아야 해요. 나를 좋아하는 사람이든 나랑 친한 사람이든 나와 의견이 언제나 일치할 수는 없습니다. 그런데 실은 이 둘을 구별하는 게 쉽지 않아요. 겉으로는 내가 낸 의견에 반대하는 것 같은데 이상하게 기분이 나빠요. 왠지 나를 싫어해서 내 의견에 반대하는 것만 같습니다. 이런 오해는 얼마든지 가능합니다.

대화사례 18

"나는 네 의견에 반대야"

"왜?"

"너무 일방적인 생각으로 진행하는 것 같아서."

"내가 일방적이라고? 요즘 나한테 왜 그래? 너 나한테 불만 있어?"

이렇게 대응하면 친구와의 관계가 풀리기는커녕 멀어지게 됩니다. 친구가 나와 다른 의견을 제시할 때는 당황하지 말고 대화를 한층 더 깊이 끌고 가야 합니다. 왜 반대하는지, 너의 생각 중 나와 다른 부분은 무엇인지 터놓고 이야기하는 거죠. 그러다 보면 내가 미처 생각하지 못했던 점을 발견하고 상대방과의 관계도 더욱 돈독해질 수 있습니다.

사실 보통의 관계에서 이루어지는 대화는 큰 문제가 없는 한 대충 인정하고 넘어갑니다. 하지만 반대의견을 표명하려면 상대방의 관점을 경청해야 하고, 내용을 분석해서 이의를 제기해야 합니다. 집중과 용기가 필요하죠. 따라서 내 의견에 상대방이 반대의사를 표명했다는 것은 그가 나를 깊이 신뢰하고 있거나 내가 잘되기를 바라는 마음으로 의견을 보태주는 것으로 볼 수 있습니다. 그러니 "왜?"라고 묻거나 "나한테 왜 그래?"라는 식으로 상대방의 말문을 막지 말고 나와 다른 상대방의 의견을 열린 마음으로 수용해야 합니다. 어떻게 말하면 내 의견에 반대한다는 친구의 솔직한 의견을 듣고 배울 수 있을까요?

대화사례 19

"나는 네 의견에 반대야."

"내 의견에 반대라고? 나는 네 의견이 중요해! 이유를 말해주면 좋겠어."

"너무 일방적인 생각으로 진행하는 것 같아서."

"좀 더 구체적으로 말해줄래?"

친구가 나와 의견이 다를 때는 이런 방식으로 물어보면서 대화를 계속해보세요. 나와 의견이 다른 친구의 말은 중요합니다. 기분 나쁜 것을 넘어서 친구의 생각을 구체적으로 알 수 있고, 서로의 생각을 넓히는 계기가 될 수 있거든요.

❷ 의견이 다른 친구의 말을 열린 마음으로 듣는다

사람은 누구나 상대방이 자신의 의견에 맞장구쳐주면 좋아합니다. 그런데 가끔은 신중하게 문제점을 말하는 친구들도 있어요. 남들 다 좋다는데 혼자만 지적하는 걸 보면 좀 고지식한 것 같기도 하고 때론 못마땅한 마음도 듭니다. 맥이 빠질 수도 있어요. 이럴 때 다른 의견을 말한 친구를 어떻게 대하는 것이 좋을까요?

사실 이런 친구는 내가 객관적으로 보지 못하는 부분을 볼 수 있는 소중한 친구입니다. 또한 자신의 의견을 솔직하게 말할 수 있는 용기 있는 사람이에요. 동조하기는 쉬워도 반대의견을 내는 것은 어려운 일이잖아요.

그러니 여러분, 내 의견에 반대하는 친구의 말을 들었다면 섭섭한 마음을 잠시 뒤로 미루고 "그렇게 생각할 수도 있겠네."라는 열린 마음으로 상대방의 이야기를 좀 더 들어보는 게 어떨까요? 이런 과정을 통해서 우리는 친구의 애정을 확인하고, 내 생각의 지평을 넓히고, 용감하고 솔직한 친구가 있다는 자랑스러움까지 덤으로 얻게 됩니다. 또한 대화를 마무리하는 과정에서는 "솔직하게 말해줘서 고마워. 다시 검토해보고 또 의논할게."라는 말로 상대방에 대한 나의 신뢰감을 표현하는 것도 좋겠지요?

거절이 필요한 순간

❶ 거절하는 데도 용기가 필요해

자기 생각을 말한다는 것은 상대방의 의견을 듣고 받아들일 것인가 거절할 것인가를 결정하는 일이기도 합니다. 이런 대화에서는 보통 "내 생각도 그래." 하고 동조하거나 "내 의견은 조금 달라." 하면서 이의를 제기하게 됩니다.

많은 사람이 거절하는 것을 힘들어합니다. 상대방에게 협조적인 사람으로 인정받으며 잘 지내고 싶기 때문입니다. 튀고 싶어 하지도 않고요. 그러나 여러 이유로 거절하지 못한 채 불편한 마음으로 끌려다니기도 하는데요, 그러다 보면 상대방과 잘 지내기는커녕 은근히 피하게 되면서 관계가 멀어집니다. "거절은 용기가 필요한 대화"라고 하는 배경입니다.

거절하는 것을 너무 크게 생각할 필요 없어요. 상대방의 요청을 거절한다는 것은 내가 수용할 수 있는 것은 "할 수 있다."라고 말하고, 내가 수용할 수 없는 것은 "할 수 없다."라고 솔직하게 마음을 표현하는 것입니다. 이때 상대방이 누구든 그 사람 자체를 거절하는 것이 아니라는 점을 명확하게 인지시켜야 합니다.

자꾸 뭔가를 빌려달라는 친구가 있습니다. 볼펜이나 지우개, 포스트잇 등 문구류는 큰 부담 없이 빌려줄 수 있어요. 그런데 친구가 돈이나 핸드폰을 빌려달라고 하면 용기를 내어 거절하는 것이 좋습니다.

특히 청소년끼리 현금거래를 하는 것은 바람직하지 않아요. 혹시,

친구가 차비가 없어서 그런다고 하면 교통카드로 다인승으로 체크한 뒤 다음에 받으면 됩니다. 배가 고파서 그러는 거라면 간식을 함께 사 먹을 수 있지요. 만에 하나 더 큰 도움을 받아야 할 어려운 상황이라면 부모님이나 선생님과 상의해야 합니다.

핸드폰도 마찬가지입니다. 다른 사람의 핸드폰을 빌려서 장시간 쓰는 일은 예의 있는 행동이 아닙니다. 핸드폰에는 각자의 개인사가 담겨 있고, 데이터 비용도 부모님이나 보호자께서 부담하는 경우가 많으니 거절하는 것이 좋습니다.

“너 돈 좀 있냐?”

“왜?”

“나 돈 좀 빌려주라.”

“빌려줄 정도의 돈은 없어. 배고프면 간단한 간식을 함께 먹을 수는 있어.”

“배는 안 고프고 현금이 필요해서.”

“나는 현금거래는 안 해.”

“네 핸드폰 좀 쓸 수 있어?”

“왜?”

“엄마한테 폰 뺏겼거든.”

"헐~ 어쩌냐. 일단 좀 참아야겠네."

"두 주일 동안을 어떻게 참냐? 한 시간만 빌려줘."

"안 돼, 내 핸드폰에 사적인 정보가 많아서 못 빌려줘."

"야, 너 설마 친구끼리 데이터 아까워서 그러냐? "

"데이터는 생명이지. 나는 폰을 빌려주고 싶지 않아. 폰에는 각자의
비밀이 있으니까."

"진짜 어떻게 안 되겠냐?"

"응. 미안해. 폰 빌려주는 것은 안 돼."

사람들이 거절하는 것을 힘들어하는 이유 중 하나도 부탁하는 상대
방과 상대방의 요청을 동일시하기 때문입니다. 사람과 요청을 반드시
구별해야 해요. 내가 상대방의 요청을 받아들일 능력이 없거나 마음의
준비가 되어 있지 않은 것과 상대방을 좋아하거나 싫어하는 문제는 별
개라는 점을 서로 정확하게 인식해야 합니다.

❷ 모든 친구와 잘 지내지 않아도 괜찮아

우리는 어렸을 때부터 부모님과 주변 어른들에게 "친구들과 원만하
게 지내라." "모든 친구와 사이좋게 지내야 해."라는 말을 들으며 성장
했습니다. "형제나 친구와 싸우면 안 돼." 하는 말도 많이 들었고요. 하
지만 이런 말이 곧 모든 친구의 말과 행동을 다 허용하라는 뜻은 절대
아닙니다. 친구들에게 편견을 갖지 말고 친절하게 대하라는 의미죠.

'누구에게나 좋은 친구'가 되고 싶어 하는 사람일수록 상대방의 부당한 요청을 거절하지 못하는 경향이 있습니다. '좋은 사람'이라는 평판에 매달려서 반대도 못 하고 거절도 못 합니다. 불편하고 싫어도 '참는 건 나의 몫'이라면서 속으로 삭입니다.

그런데 여러분, 모든 사람에게 좋은 사람이 되기는 어렵습니다. 다만, 나와 의견이 다르거나 가치관이 다른 친구라 할지라도 가급적 화를 내지 않고 부드럽고 친절한 말로 대화하는 것은 중요합니다. 친구의 요청을 거절하는 것은 내가 그것을 들어줄 상황이 되지 않거나 들어주기 어렵기 때문이지 친구 자체를 싫어하거나 거부하는 것이 아니라는 점을 본인 스스로 명확하게 인정해야 합니다. 그래야만 쓸데없는 불안감이나 죄책감을 느끼지 않아요.

거절하고 싶은데 거절하지 못하고 무리한 부탁을 자주 들어주다 보면 처음에는 친구들이 좋아할 수도 있지만, 지속적인 관계를 맺는 데 어려움이 생길 수 있습니다.

예를 들어볼게요. 매번 숙제를 빌려달라고 하거나 수행평가 답지를 보여달라고 하는 친구가 있습니다. 그럴 때는 "그건 어렵겠는데."라고 한마디 하면 됩니다. 용돈이 부족한 상황인데 친구가 한턱 내라고 요구한다면 솔직하게 "나 이번 달 용돈 거의 다 썼어. 2주나 남았는데 1만 2천 원밖에 없다!"라는 식으로 여러분의 용돈 상황을 이야기하고 거절하세요.

친구들의 부탁을 들어주기만 한다고 해서 사이좋게 지낼 수 있는 건 아닙니다. 누군가 요청을 해왔을 때 자신이 할 수 있는 일은 할 수 있다고 말하고, 할 수 없는 일은 할 수 없다고 말하는 것이 오히려 관계를 잘 유지하는 힘이 됩니다.

청소년 시기에는 친구의 어려움을 직접 해결해줄 힘이 없습니다. 아주 당연한 거예요. 정신적으로나 신체적으로나 경제적으로나 준비가 안 되어 있잖아요. 그러니 무리한 요청을 받으면 마음의 부담이 커집니다. 문제는 이런 상황이 반복되다 보면 부탁하는 친구와 거리를 두게 되고, 상황에 끌려다니는 자신을 못난이처럼 느낄 수도 있다는 점입니다. 자기 힘으로 상대방을 도울 수 있는 일이라면 기꺼이 도우세요. 그러나 부탁이 반복되거나 무리한 부탁이라는 생각이 들 때는 솔직하게 "어렵겠다."라고 뜻을 밝혀야 합니다.

❸ 내가 부탁하는 경우, 마음의 완충지대 만들기

살다 보면 친구에게든 가족에게든 부탁할 일이 생기게 마련입니다. 필기한 노트 빌려달라고 하기, 언니에게 자료 찾는 거 도와달라고 하기 등등 하루에도 몇 번쯤 부탁하고 부탁을 받게 됩니다. '부탁 주고받기'에 대해 포용적인 태도가 필요한 배경이죠.

친구에게 부탁할 때는 친구가 거절할 수도 있다고 미리 생각하는 게 좋습니다. 열린 마음을 가져야 한다는 뜻이에요. 내 부탁을 친구가 거절했다고 해서 '어떻게 그럴 수가 있어?' 하며 닫힌 마음으로 받아들이면 상대방에게 부담을 주게 됩니다. 거절을 당한다 해도 "그럴 수 있지." 하면서 긍정적으로 생각해야 해요. 아무리 친한 사이라도 해도 서로 중요하게 생각하는 문제는 다르기에 언제든 거절당할 수 있습니다.

이 문제는 사실 거꾸로 생각하면 쉽게 매듭이 풀립니다. 여러분도 언제든 거절할 수 있잖아요?

한 가지 유용한 팁을 드릴게요. 친구에게 부탁하기에 앞서 내 상황보다 친구의 입장을 존중하겠다고 미리 생각을 열어두면 좋습니다. 그리고 부담이 되는 문제라면 상대방에게 "거절해도 된다."라고 미리 말하면서 선택의 폭을 열어두세요. 이 같은 적극적이고 열린 자세로 부탁하면 친구 관계가 틀어질 일이 없습니다. 앞에서 반대의견을 표현하는 게 그 사람 자체를 반대하는 것이 아니라 그의 어떤 의견에 반대한다는 점이라고 강조했던 것, 기억나시죠? 거절하기도 마찬가지입니다. 사람 자체가 거절당한 것이 아니라 내가 부탁한 '그 문제'를 상대방이 거절한 것뿐입니다.

거절하지 못하는 성격의 사람들은 은근히 자기 부탁을 거절하는 다른 사람에게 "어떻게 나한테 그럴 수가 있어. 내가 그동안 거절 한 번 안 하고 얼마나 참고 잘해줬는데."라며 원망하고 섭섭해하는 마음을 갖기 쉽습니다. 반대로 거절할 줄 아는 사람은 친구에게 거절당할지라도 "그럴 수 있지!"라며 여유롭게 받아들입니다. 거절한다는 게 그냥 툭 튀어나오는 즉흥적인 의사 표현이 아니라는 걸 충분히 이해하기 때문인데요. 만일 친한 친구의 부탁을 거절한다고 생각해보세요. 여러 상황을 머릿속에 그리면서 생각에 생각을 거듭하지 않겠어요? 그 과정을 잘 알기에 거절하는 사람의 마음도 얼마든지 이해하는 거죠. 그러니 거절을 당했다고 섭섭한 마음을 갖기보다는 "그럴 수 있지. 뭔가 어려운 점이 있었겠지."라고 생각하면 좋겠습니다.

친구 사이에도 완충지대가 필요해.

더 나아가서는 "솔직하게 말해줘서 고마워. 다른 방법을 찾아볼게."
라고 말하면서 '마음의 완충지대'[2]를 만들 것을 추천합니다. 마음의 완
충지대란 극단적인 생각 사이를 오고 가는, 말하자면 극과 극을 조절할
수 있는 심리적 공간입니다. 예를 들어서, '거절 안 하면 친구로 지내고,
거절하면 친구가 될 수 없다.'처럼 극단적으로 생각하는 게 아니라 상
대방을 이해하려고 노력하는 마음의 여유를 갖는 것이지요.

만약, 친구의 부탁을 받아들이기 어려워서 거절하면 어떤 일이 생길
까요? 그 친구가 나를 싫어할까요? 아니면 이해할까요?

---

2   완충지대란 국가 간의 대립을 조정하고 평화를 유지하기 위해서 대립하는 양국의 영토 중간에 설치하는
    중립지대이다. 여기에서는 심리적으로 대립적인 감정이나 가치에 대하여 공존할 수 있는 심리적 여유를
    갖는 마음의 공간을 표현하는 비유적 표현으로 사용하였다.

거절했다고 해서 싫어하는 친구와는 거리를 두고, 거절하는 마음을 이해하는 친구와 잘 지내는 것이 진실한 친구 관계를 유지하는 하나의 방법입니다. 친구와 멀어지는 게 두려워서 절대 거절하지 않으면서 일방적으로 부탁을 다 들어주다 보면 여러분 자신이 너무 힘들고 지쳐서 친구 관계를 끝내고 싶어질지도 모릅니다. 솔직하게 자신의 상황을 공유해보세요. 서로 조금 더 이해하면서 지속가능한 관계를 유지할 수 있습니다. 친구 관계는 서로를 이해하는 과정을 통해서 더욱 깊어지고 고 더 오래 이어질 수 있습니다.

자기 공감 능력 계발하기

❶ 위로하기

일상을 함께하는 사람들의 말과 행동은 서로에게 많은 영향을 줍니다. 힘든 일이 있어도 친구가 위로하고 응원해주면 힘이 나잖아요? 마음이 억울하고 화가 났을 때도 친구와 가족이 내 마음을 이해해주고 같은 편이 되어주면 훨씬 든든합니다.

이렇게 상대방의 마음을 이해하고 위로해주는 것을 공감(共感)이라고 합니다. 한자 뜻 그대로 '감정(感)을 함께하는(共)' 것이지요. 공감은 다른 사람도 해주지만 나 자신에게도 해줄 수 있어요. 이런 것을 '자기 공감'(Self-compassion)이라고 하는데요, 자기 공감이란 스스로 자신의 마음을 위로하고 응원해주는 것을 말합니다.

나는 나의 가장 좋은 친구! 나를 이해하고 위로합니다.

보통 10세 이전의 어린 시기에는 보호해주는 어른이 곁에 있습니다. 이 시기엔 주로 이들의 위로와 응원을 받고 힘을 냅니다. 스스로 자신을 돌보기 어렵기 때문에 보호자들의 공감에 더 많이 의존합니다. 그런데, 10년 이상을 살아온 청소년 시기부터는 나 자신이 나를 위로하거나 응원할 수 있습니다. 그동안 자신을 위로하고 응원해주었던 가족과 친지들의 말이나 행동, 표정들이 기억으로 많이 쌓여 있기에 자신을 위로하고 응원하는 방법을 터득하게 된 것이지요.

❷ 거울신경세포와 자기 공감

사람들은 곤란한 처지에 있을 때 혹은 상심했을 때 타인의 표정과 말에 위로받습니다. 혼자가 아니라는 따뜻한 느낌을 받죠. 이런 경험은 나중에 내가 누군가를 위로해야 할 때 큰 도움을 주는데요, 누군가에게서 받은 것을 내가 그대로 베풀 수 있는 이유는 인간의 뇌 속에 거울신경세포가 있기 때문입니다. 즉 거울신경세포의 활동 덕분에 좋은 언행을 주고받으면서 공감 능력을 키울 수 있어요.

1장에서 거울신경세포에 대해 잠시 설명했지요? 거울신경세포들은 인간이 나와 다른 사람의 관계 속에서 서로를 인식하고 확인하면서 살아가는 존재라는 사실을 알려줍니다. 공감 능력은 혼자서 계발할 수 없습니다. 자신을 아끼고 사랑하는 누군가의 눈빛을 보고, 목소리를 듣고, 토닥임을 받으며 배워가는 것입니다.

어린아이들은 자신을 아끼고 사랑하는 부모와 가족, 친지들을 통해서 자신을 귀하고 사랑스러운 존재로 인식합니다. 나를 사랑하고 환영하는 사람들의 말과 태도, 표정을 통해서요. 그리고 자신이 배운 것들을 다른 사람을 위로하고 돌보는 데 적용하면서 공감 능력을 키워갑니다.

내 마음이 힘들 때, 친구나 가족이 나에게 공감하여 위로해주면 가슴이 뭉클합니다. 고맙고 힘이 납니다. 어떻게 이런 현상이 벌어지는 걸까요? 내 안의 거울신경세포들이 활발하게 움직이기 때문입니다. 그 덕에 우리는 살아갈 힘을 얻게 되는 것이지요. 혹 자기 자신의 감정을 표현하다가 울컥하는 것도 내 안의 거울신경세포들이 내 말에 반응하기 때문입니다.

청소년들은 10여 년이 지나는 동안 주위 사람들로부터 사랑과 보살핌을 받으며 성장했습니다. 그사이 거울신경세포들도 꽤 활발하게 성장했지요. 청소년 시기에 감정이 보다 풍부해지고 다른 사람의 슬픔이나 기쁨에 민감하게 반응할 수 있는 것은 거울신경세포들이 폭풍 성장한 덕분입니다. 슬픈 사람을 보면 내 마음도 슬퍼지고 기쁜 사람을 보면 함께 기뻐할 수 있는 공감 능력이 발달한 거예요.

반대로 부정적인 상황도 가능합니다. 예를 들어 폭력적인 상황을 자주 경험할 수밖에 없는 어린 시절을 보냈다면 그 아이는 공감 능력이 부정적인 방향으로 발달하게 됩니다. 자기도 모르는 사이 폭력적인 행동을 더 많이 하게 되지요.

수민이는 표정이 밝고 눈웃음이 인상적인 아이였어요. 그런데, 친구들과 작은 일로 다투다가 불같이 화를 내고 심한 욕을 해서 면담을 하게 되었습니다.

"선생님, 그냥 혼내세요. 어차피 저 혼내려고 불렀잖아요."

"나는 너랑 이야기를 좀 나누고 싶어."

"저는 이렇게 친한 척하는 거 싫어요. 저한테는 안 어울려요."

"우리 차 한 잔 마실까?"

"친구들이랑 싸우기만 하는 것은 아니에요. 잘 지낼 때도 있어요. 그런데 즐겁고 좋은 기분이 들면 불안하고 어색해요. 그래서 내가 먼저 그 상황을 흔들게 되고 모든 것이 엉망이 돼버려요. 그냥 저의 원래 자리로 가는 것이 편해요."

"왜?"

"그렇게 좋은 시간은 오래가지 않더라고요."

수민이는 왜 자신을 부정적인 방향으로 몰고 갈까요? 처음부터 그랬을까요? 아닙니다. 어린 시절에 충분한 사랑의 말과 표현을 받지 못하고 불행한 감정을 느끼면서 자랐기 때문이지요. 공감 능력이 부정적인 방향으로 형성되어 즐거운 감정을 느끼면 불안해지는 것입니다. 그래서 일부러 야단 맞을 일을 만들고 그 상황을 도리어 편하게 느끼는 것입니다.

그렇다면 한 번 형성된 부정적인 공감 능력은 영원히 지속될까요, 바뀌지는 않는 건가요?

청소년기는 다른 사람의 감정이나 심리적 상황에 공감하는 능력이 큰 폭으로 발달하는 시기입니다. 더불어 나의 가장 친한 친구인 나 자신을 보다 긍정적으로 성장하게 할 수 있는 자기 공감 능력도 특출해지는데요. 이 특징을 활용하여 스스로 자신의 감정을 위로하고 공감해줄 수 있습니다. 몇 가지 공감의 말을 소개할게요. 일과를 마치고 잠자기 전 하루를 돌아보면서 자신에게 이렇게 말해봅시다.

> "○○야, 오늘도 수고했어. 잘자. 좋은 꿈 꿔."
>
> "잘했어. 이렇게 계속 가보자."
>
> "오늘 잘 참았어. 대단해."
>
> "힘내. 내 편은 어디에나 있어."
>
> "친구들이 있어서 다행이야. 고마워."
>
> "지금까지 잘해왔고, 앞으로 더 잘하게 될 거야."

자기 공감은 마음을 돌보고 성찰하면서 나 자신을 더 깊고 크게 성장하도록 돕습니다.

❷ 나를 응원하며 공감하기

그렇다면 어떻게 해야 자기 공감 능력을 키울 수 있을까요? 내가 당장 할 수 있는 일부터 차근차근 짚어봅시다.

나를 아무도 몰라준다고 느껴질 때, 왠지 나 자신이 초라하게 느껴질 때는 어린 시절의 사진을 보세요. 젖먹이 시절, 걸음마를 떼던 시기, 어린이집에 갔을 때, 유치원 다닐 때, 초등학교에 입학할 때 등등 스스로 성장 과정을 찬찬히 돌아보세요. 저렇게 어린 아기가 지금 이런 심각한 생각을 하는 청소년이 되었군요. 어때요, 너무나 대견하지 않아요?

어린 시절 사진을 보면서 "귀엽네." "재미있게 놀고 있네." "열심히 뛰네." "많이 컸구나." "웃는 모습이 예쁘네." "어린이집에 씩씩하게 잘 갔

엄마와 씩씩하게 헤어졌던 꼬꼬마 적 나의 모습

네." 등등 어렸던 나를 응원하고 칭찬해주세요. 그러면서 나의 존재감을 확인해보세요. 어렵고 힘들었던 어린 시절의 나에게도 "힘들었겠네." "얼마나 억울했을까?" "많이 컸네. 이제 괜찮아."라고 말해주면서 위로할 수 있습니다.

이런 표현은 태어나서 지금까지 10년 이상 살아오는 동안 가족과 친구에게 자주 들었던 말입니다. 그래서 따로 공부하지 않아도 자연스럽게 내 입에서 나오는 것인데요. 이 역시 거울신경세포 덕분입니다. 청소년들은 이렇듯 지금까지 나의 정서를 키워준 공감의 언어들을 다른 사람에게 말해주며 응원할 수도 있고, 자기 자신에게 말해주어 스스로 격려할 수도 있습니다. 청소년의 자기 공감 능력은 자신을 응원하고 용기를 내어 살아갈 힘을 줍니다. 이제 스스로를 응원하는 '자신과의 대화'를 살펴볼까요?

- 사람이 실수할 수도 있지. 다음부터 좀 더 신경 쓰면 좋아질 수 있어.
- 괜찮아. 나는 존재 자체로 소중한 사람이야.
- 실패할 수도 있어! 한 번 더 해보자.
- 힘내! 나를 지켜보면서 계속 살아볼 거니까.
- 좀 부족하면 어때, 내가 이 세상에서 살고 있다는 것이 중요하지.
- 지금까지 10년 넘게 잘 살아왔잖아. 애썼어. 힘내서 또 10년을 살아보자고.
- 기운을 좀 내, 일단 쉬고 다시 생각해보자. 바람도 좀 쐬고 조금 걷자.

이러한 자기 공감의 과정은 내 마음을 살펴볼 수 있는 여유를 줍니다. 특히 마음이 아프고 울적할 때 나 자신에게 말을 걸어주고 응원하면 힘이 솟는답니다.

- 슬프구나!
- 화가 났구나.
- 미안하구나.
- 마음이 복잡하구나.
- 그렇구나, 그런 감정이 들었구나.
- 그런 생각을 했구나. 그렇게 생각할 수도 있구나.
- 애썼어.
- 힘내자.
- 오늘도 여러 가지 일들이 있었어. 수고했어.

힘든 일과가 끝나고 집으로 가면서, 쓸쓸하고 외로운 생각이 들 때, 시험을 망쳤을 때, 잘못한 일도 없이 혼났을 때, 자신을 보살피면서 공감해주는 자기 공감 능력을 활짝 펼쳐보세요. 내가 나에게 건네는 따뜻한 말 한마디도 좋고, 양손을 가슴에서 크로스하여 어깨를 두드려주는 셀프 토닥임도 좋습니다. 자신이 좋아하는 노래를 부르거나 좋아하는 글귀를 소리 내어 읽어보는 것도 좋습니다.

자신을 응원할 때도 소리 내어 말하는 것이 효과적입니다. 옥상달빛의 노래 '수고했어 오늘도'를 틀어놓고 따라서 불러봐도 좋겠지요?

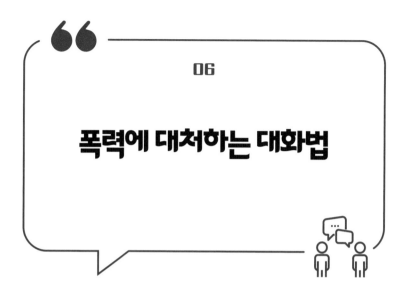

06

폭력에 대처하는 대화법

폭력이란 무엇일까

물리적으로 타인의 신체에 압력을 가하는 것은 폭력입니다. 나쁜 의미가 담긴 욕을 하는 것은 언어폭력입니다. 타인이 '싫어하는 행동'을 반복하는 것도 폭력입니다. 관심 있는 친구에게 장난으로 한 행동일지라도 친구가 싫다고 표현하면 멈추고 사과해야 합니다. 친구랑 좀 더 친해지고 싶은 마음에 장난을 친 거라고 해도 싫다고 하면 즉시 멈추어야 합니다. 어떤 경우든 상대방이 싫다는 말이나 행동을 반복하는 것은 괴롭힘이고 폭력입니다.

주의할 점이 있습니다. 폭력 문제에서 자주 거론되는 이슈인데요,

'싫다.' '기분 나쁘다.'는 의사를 분명하게 밝혀야 한다는 점입니다. 어떤 아이들은 종종 "쟤가 싫다고 안 했거든요?" "괜찮은 줄 알았죠."라고 말합니다. 본인의 좋지 않은 행동을 무마하려는 의도지요. 그러니 여러분, 상대방이 싫은 행동을 하면 속으로만 불만을 품지 말고 자기 생각이나 감정을 당당하게 말로 표현해야 합니다.

"그런 행동은 싫다." "하지 마라." "멈춰라." "기분이 안 좋다." "그만해라." 하고 분명히 말해주어야 합니다. 한번 말해서는 상대방이 못 들을 수도 있으니, 세 번까지는 친절하고 분명하게 말해서 상대방이 정확하게 상황을 파악하고 행동을 멈추게 해야 합니다. 그런데도 싫다는 행동을 멈추지 않고 반복한다면 폭력으로 간주하고 대응할 수 있습니다. 학교에서는 선생님의 도움을 받을 수 있고요. 멈추라는 의사 표현은 몸짓이나 손짓 등 행동보다는 말로 정확하게 표현하는 것이 좋습니다. A의 사례를 살펴보기로 해요.

A는 성적이 떨어져서 부모님께 혼나고 나온 참입니다. 속상한 마음에 공원 벤치에 홀로 앉아 있었습니다. 그때, 몇몇 친구들이 왔어요.

"야~ 우리 농구 같이하자."

"지금은 농구 하고 싶지 않은데?"

○○이가 '뭔 사색을 하나?'면서 손을 잡아끌었습니다.

"지금은 농구 하고 싶은 기분이 아니라서 그래."

그러자 ○○이는 "너 앞으로 우리랑 안 놀거냐?"라면서 시비를 걸기 시작했어요. 그때, A랑 친하게 지내는 친구가 "○○아 그만해. A가 지금은 농구를 안 하고 싶다잖아."라고 말하며 A의 편을 들어주었습니다.

이 사례에서 A는 말로 정확하게 자기 생각을 표현했습니다. 덕분에 친구가 편을 들어줄 수 있었습니다. 또 자신에 대한 확신도 갖게 되었고요. 사람은 자신이 하는 말을 자기가 직접 들으면서 스스로 신뢰감을 가질 수 있습니다. 무슨 뜻이냐고요?

나는 지금 친구의 뜻에 따르고 싶지 않은데, 혹은 아이들 대다수의 행동에 동참하고 싶지 않은데, 말로 표현하지 못해서 조용히 피하거나 소극적으로 대응하게 되면, 이런 약한 모습에 스스로 상처받을 수도 있다는 뜻입니다. 하지만 위 사례에서는 A가 본인 의견을 정확하게 말로 표현했기 때문에 A의 친구가 ○○이에게 멈추라고 하면서 A의 입장을 대변할 수 있었죠.

내가 하고 싶지 않은 일을 다른 사람이 요청하거나 불편한 언행으로 강요하면 "하지 마라." "나는 지금 관심이 없다." "재미없다." "멈춰라!" 등 명확하게 의견을 표현하도록 연습하면 좋겠습니다.

욕을 하면 머리가 나빠진다고?

청소년들이 친구들과 말하는 것을 보면 어떤 때는 욕만 들리는 것 같아요. 뚜렷이 누구 한 사람을 겨냥하는 것 같지 않을 때도 욕이 나옵니다. 그래서 누구에게 그렇게 욕하는 거냐고 물어보면, '그냥 하는 것'

이라고 대답합니다.

수업 시간 종이 치고 교실에 들어가 출석 확인을 하고 있는데 ○○이가 앞
문으로 들어오면서 욕을 하다가 선생님을 보고 깜짝 놀라며 손으로 입을
막습니다.
"너 지금 욕한 거냐?"
"선생님한테 그런 거 아니에요!"
"아니, 그러면 누구한테 그렇게 욕을 하는 거야?"
"딱히 누구랄 것은 아니고 완전 짜증나잖아요."
"왜?"
"좀 전에 옆 반 애들이랑 시합했는데 계속 반칙하잖아요?"
"기분이 나빴겠구나. 그래도 그렇게 심한 욕을 하면 듣는 우리가 기분이
안 좋아."
"죄송합니다."

청소년들은 딱히 누구라고 대상을 특정하기보다 자신의 상황이나
감정을 욕으로 표현하는 것 같아요. 강조해야 할 말도 욕을 섞어 표현
하고요. 청소년들의 말 습관을 보면서 욕은 어쩌면 일종의 추임새 같
은 게 아닌가 하는 생각이 들더군요.
욕을 하는 이유도 다양합니다. 다른 친구들이 하니까 습관적으로 욕
하는 경우도 있고, 욕을 해야 친하게 느껴져서 그런다고도 해요. 욕 쓰
기가 소속감을 느끼게 해준다나요? 어떤 학생들은 욕을 하면 스트레스

상황에서 긴장이 좀 풀리는 것 같다고도 말합니다. 남들처럼 세 보이려고 욕을 한다는 학생도 있습니다.

한 번은 수업 시간에 학생들이 자주 듣거나 사용하는 욕설들을 모두 써본 다음 모둠별로 그 뜻을 조사해본 적이 있습니다. 욕의 뜻을 직접 조사해본 학생들은 너무나 놀라면서 그렇게 나쁜 뜻이 있는 줄은 몰랐다고 말했습니다. 욕은 상대방을 향해서 미워하고 저주하는 마음을 담는 말이어서 역사적으로 나쁜 행동을 뜻하는 표현에서 온 것이 많아요. 중죄인을 처벌하는 방식에서 유래한 것도 많습니다. 여러분이 일상적으로 상상하기 어려운 나쁜 의미가 담긴 말이 아주 많은 거죠.

청소년들이 욕을 많이 하는 행동이 사회문제가 되면서 욕에 대한 연구와 실험이 많이 이루어졌습니다. 그중 '욕에 대한 뇌의 반응'을 다룬 실험이 기억에 남습니다. 청소년과 청년을 대상으로 한 실험이었는데요, 우선 청소년을 두 그룹으로 나누고 청년도 두 그룹으로 나눕니다. 그러고는 각각의 그룹 구성원에게 욕이 포함된 열 개의 낱말을 들려주고 기억에 남는 낱말을 써보게 했습니다. 이번에는 욕이 포함되지 않는 열 개의 낱말을 들려주고 각각 기억에 남는 낱말을 써보게 했습니다. 네 그룹 모두 욕이 포함되지 않는 낱말을 들려주었을 때는 다양한 표현들을 기억하여 이를 기록했습니다. 반면, 욕이 포함된 낱말을 들려주었을 때는 네 그룹이 모두 욕만 기억에 남고 다른 표현들은 기억하지 못하는 현상이 나타났습니다.

연구자들은 이 실험을 통해서 인간의 뇌는 욕을 들었을 때 긴장하면서 감정과 분노의 영역을 활성화하고, 이성의 영역은 활동력이 약화된다는 사실을 알았습니다. 연구에서 보다시피 욕과 함께 다른 말을 들으면, 인간의 뇌에 욕이 가장 강한 인상으로 남아 오래 기억되면서 뇌 세포 부위가 강화된다는 것이지요. 함께 들었던 다른 어휘에 대한 기억은 오래 남지 않고 약화되고요. 욕을 많이 하면 결국 문장 이해력과 언어표현 능력이 약화된다는 사실이 구체적으로 밝혀진 것입니다.

인간의 뇌 성장과 발달이 언어능력과 밀접하게 관련되어 있다는 점을 고려하면 욕을 많이 하면 할수록 생각하는 힘이 약화하여 결국에는 지능이 떨어지게 된다는 연구 결과에 고개를 끄덕이게 됩니다.

욕하는 아이랑 친하게 지내는 학생들은 대체로 자기 친구가 착하다고 변호합니다. "걔 원래 착한 애예요. 욕은 그냥 하는 거고요." 이런 식으로 말입니다. 그런데 '욕하기'에는 이상한 특징이 있어요. 하다 보면 더 자주 하게 되고, 점점 더 센 욕을 하게 된다는 점입니다. 그러다 보니 습관적으로 욕이 튀어나와 불필요한 오해를 받기도 하지요.

욕은 분노나 화, 불만, 상대방에 대한 무시나 비하하는 감정을 표현하는 일종의 폭력입니다.[1] 물리적 폭력의 전 단계이지요. 욕을 하면서 명령형으로 말하다가 상대방이 자기 마음대로 움직이지 않으면 순식간에 폭력적으로 돌변할 수 있어요. 욕을 방치하면 안 되는 이유입니다.

욕을 자주 하는 사람들은 내면에 분노와 불만, 화의 감정을 품은 경우가 많습니다. 자신도 모르는 사이 마음 깊숙한 곳에 이런 부정적인 감정들이 쌓이는 건데요. 평소에 자기의 감정을 직설적으로 표현하지

---

1   황지현 지음, 『욕하는 내아이가 위험하다』 팬덤북스(2014), p.28.

않도록 노력해보면 좋을 겁니다. 친구에게 "야~!!"라고 소리치지 말아야 하고, '나 전달법'으로 감정을 표현하는 연습도 도움이 됩니다. '나 전달법'[2]을 간단히 소개할게요.

나 전달법 3단계

- 네가 ~하니

- 내 마음이 ~해.

- 왜냐하면 나는 ~하거든.

적용 사례 1

(상황: 자기 간식을 먹었다고 심하게 화를 내는 동생에게)

- 미안해. 그런데, 간식을 먹었다고 네가 너무 심하게 화를 내니

- 누나가 속상해.

- 왜냐하면 배고파서 간식을 먹고 나서 네가 오면 뭐라도 사줘야겠다고 생각하고 있었거든.

적용 사례 2

(상황: 나에 대해서 뒷담화하는 친구에게)

---

2   토마스 고든 지음, 이훈구 옮김, 『부모역할 훈련』, 양철북(2002), 자신의 감정을 표현하는 '나 전달법(I-Message).'

- 네가 나의 문제점을 다른 친구에게 말해서

- 섭섭하고 화가 나.

- 나는 너를 친구로 생각하고 믿고 있었거든. 앞으로는 나에게 직접 얘기해주면 좋겠어.

괴롭힘은 모두의 뇌를 파괴한다

괴롭힘을 당하면 몸과 마음이 힘들어집니다. 더 나아가 뇌세포가 왜곡된 정보를 기억하거나 잘못 연결되어 상처를 입고 어려움에 처할 수도 있습니다. 괴롭힘이 피해자의 뇌를 파괴할 뿐 아니라 가해자의 뇌도 파괴한다는 사실은 뇌과학이 발달하면서 구체적으로 밝혀졌습니다. 타인을 괴롭히는 나쁜 행동이 인간의 몸과 마음을 아프게 하고 오랫동안 힘들게 한다는 사실이 드러난 것입니다. 인간으로서 마땅히 누려야 할 건강한 삶에 대한 정보와 이해를 왜곡하여 뇌 발달 과정에서 나쁘게 작용한다는 뜻입니다. 모두 뇌스캔을 통해서 구체적으로 확인된 사실이죠.

상대방을 괴롭히는 나쁜 말과 나쁜 행동이 피해자와 가해자의 뇌랑 신체 부위를 어떻게 파괴하는지 살펴볼까요?

누군가의 괴롭힘으로 피해를 당한 뇌세포는 조용히 뇌의 회로망을 끄게 됩니다.[3] 그러면 어떻게 될까요? 생각하는 속도가 느려지고, 공격에 대응하는 새로운 행동을 준비하는 학습 속도가 느려집니다. 충격을 받은 뇌가 파괴되면서 멍한 상태가 되는 것이지요. 그런데 괴롭힘은 피해자뿐 아니라 가해자의 뇌도 파괴합니다. 고통을 가하는 뇌 역시 생각하는 속도가 느려지고 다른 행동을 대체하는 능력도 떨어집니다. 신경학적으로 볼 때 치명적인 영향력을 끼치는 거죠.[4] 이런 과정을 거쳐 그저 폭력 행동을 반복하는 상태가 됩니다. 또 하나 놀라운 사실은 괴롭힘이 일어나는 공간에서 함께 있으면서 지켜보았던 사람의 뇌세포도 두려움과 괴로움으로 손상을 입고 파괴된다는 점입니다. 타인을 괴롭히는 사람은 괴롭힘을 당하는 사람과 자기 자신의 뇌를 파괴할 뿐 아니라 그 자리에 함께 있었던 여러 사람의 뇌까지 모두 망가뜨리는 것입니다.

이 상황에서 빠져나오려면 어떻게 해야 할까요?

괴롭힘을 당하는 피해자와 목격자들이 침묵하지 않고 "하지 마!"라고 외쳐야 합니다. 가급적 자신이 들을 수 있고 다른 사람도 들을 수 있도록 크고 확실하게 말합니다. 이 방법은 피해 당사자는 물론 그 상황을 함께 보고 있는 사람이 합심하여 괴롭힘의 사실을 알리고 저항하는

---

3   제니퍼 프레이저 지음, 정지호 옮김, 『괴롭힘은 어떻게 뇌를 망가뜨리는가』, 도서출판 수픈 숲 심심 (2023), p.10.
4   제니퍼 프레이저 지음, 정지호 옮김, 『괴롭힘은 어떻게 뇌를 망가뜨리는가』, 도서출판 수픈 숲 심심 (2023), p.10.

데 효과적입니다.[5]

우리의 뇌에서는 거울신경세포가 활발하게 움직이고 있습니다. 괴롭힘에 대해서 침묵하지 않고 문제점을 말하고 저항할 때, 뇌의 거울신경세포들은 서로의 아픔에 공감하는 능력을 회복하게 됩니다. 이 같은 상황에서 어떻게 대처해야 할지 빠르게 학습하고 대책을 세우는 능력도 키워갑니다.

인간의 거울신경세포들은 다른 사람의 행동을 비출 뿐 아니라, 자신의 말이나 행동을 복사해서 저장합니다. 그래서 자신이 어떤 말을 하고 어떤 행동을 했는지를 기억합니다. 이러한 기억들은 이후에도 말과 행동을 결정하는 중요한 요소로 작용하죠.

타인을 괴롭히는 행동에는 물리적 폭력에 의한 것과 욕설, 따돌림 같은 지속적인 괴롭힘도 포함되는데요. 이런 행동은 뇌의 중요한 영역을 손상시키고 면역력을 떨어뜨리므로 신체적으로도 점점 취약하게 됩니다. 특히, 성장 중인 청소년의 뇌에는 더욱더 치명적이죠.

청소년의 뇌는 활발하게 가지치기를 하면서 연결하고 성장하는 과정에 있습니다. 지지를 받는 행동은 강화하고 지지를 받지 못하는 행동은 잘라서 다듬어가는 거죠. 덕분에 해야 할 일들과 하지 말아야 할 일을 말과 행동으로 표현하면 좋은 행동은 강화되고 나쁜 행동은 약화됩니다. 그런데 자신이 괴롭힘을 당해도 침묵하고 남들이 괴롭힘당하

---

5   제니퍼 프레이저 지음, 정지호 옮김, 『괴롭힘은 어떻게 뇌를 망가뜨리는가』, 도서출판 수푼 숲 심심 (2023), p.313.

폭력은 피해자뿐 아니라 가해자와 방관자 모두에게 악영향을 미칩니다.

는 모습을 볼 때도 침묵하는 상황을 반복하다 보면, 결국 공감 능력이 낮아지고 뇌세포들이 망가진 채 연결되고 말아요. 괴롭힘에 무기력한 상태가 되는 것입니다. 이런 사람들은 어른이 되어서도 아동이나 청소년, 노인이나 장애우 등 약자를 보호할 생각을 하지 못하는 사람, 공감능력이 형편없는 사람이 될 가능성이 큽니다.

청소년들이 괴롭힘을 당했거나 그런 상황에 함께 있었다면, 부모님이나 선생님과 상황을 공유하고 사회적 도움을 받아야 합니다. 가해자에게서 사과를 받고 문제를 해결해야 합니다.

오래전 일입니다.

우리 반 정민이와 동현이는 함께 방과 후 영어 수업을 받았는데요. 수업이 끝나고 크게 싸웠습니다. 정민이가 숙제로 내준 단어를 외우지 못하는 바람에 선생님께 혼이 났고, 그 모습을 보면서 동현이가 웃은 것이 싸움의 발단이었습니다.

수업이 끝나고 정민이는 "남은 창피하고 화나 죽겠는데 너는 왜 웃냐?"고 따졌고, 동민이는 "미안하다."고 대답했습니다. 정민이는 "미안하면 다냐?"라고 다시 한번 따졌는데 그때 그만 동현이에게 욕을 하고 말았습니다. 그러자 동현이가 달려들어서 정민이를 때린 것입니다. 사실 동현이는 학교폭력을 겪은 지 얼마 되지 않아 부모의 보호를 받으며 등교하고, 친구들이 돌아가며 하교를 함께하며 보호하는 중이었습니다.

우리는 학급 회의를 세 차례 열고 의논하였습니다. 정민이와 동현이는 자신들이 무엇을 잘못했는지 반성문을 썼고, 학급 친구들 앞에서 구체적인 말로 서로 사과했지요.[6]

이러한 과정을 통해서 피해자의 마음을 치유하고, 가해자의 공감 능력을 회복할 수 있었던 것입니다.

6   박미자 지음, 『중학생 기적을 부르는 나이』(개정판), 들녘(2023), pp.143~144.

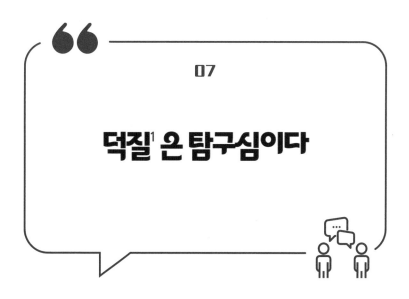

07

덕질[1] 은 탐구심이다

그럴 수 있지요

부모님들은 자녀가 모든 사람과 원만하게 지내기를 바랍니다. 원만한 인간관계를 맺는 것이 인간성이 좋은 사람의 특징이라고 여기거나 학창 시절에 맺은 인간관계를 통해서 나중에 서로 도움을 주고받을 수 있다고 생각합니다.

부모 연수에서 "우리 아이가 가급적 모든 사람에게 칭찬받는 아이가 되기를 바라시나요?"라는 질문에 참석자의 과반이 "예~!"라고 대답하

---

1   어떤 분야를 열성적으로 좋아하여 그와 관련된 것들을 모으거나 파고드는 일을 뜻한다.

는 걸 보고 놀란 적이 있습니다.

자녀가 많은 사람에게 인정받기를 바라는 부모님의 마음은 자연스러운 감정입니다. 다만 정도가 지나치면 문제가 되지요. '인정 욕구'가 비대해지면 다른 사람들에게 좋은 평가를 받기 위해서 자기 내면의 감정을 지나치게 억제하거나 불합리한 상황에서 그저 방관하는 태도를 보일 수도 있거든요. 혹은 타인의 평가에 매달린 나머지 주체성을 잃기도 합니다.

내가 다른 사람을 좋아할 수도 있고 싫어할 수도 있는 것처럼 나를 싫어하는 사람도 있고 나를 좋아하는 사람도 있을 수 있습니다. 애석한 일이지만, 내가 좋아하는 사람인데 나를 싫어할 수도 있어요. 그 반대의 경우도 가능하고요. 이때 중요한 점은 자신의 호불호에 따라 사람에 대한 편견을 갖지 말고 서로 이해하고 공존하려고 노력해야 한다는 것입니다. 우리가 살아가면서 꼭 지켜야 할 예의이기도 하죠. 또 하나 기억해야 할 점이 있어요. 다른 사람에게 인정받기 위해서 남에게 나를 맞출 필요는 없다는 것입니다. 모든 사람에게 인정받으려 애쓸 필요도 없고요.

내가 상대방에게 피해를 준 일이 없는데, 나에 대해서 그다지 호의적이지 않고 심지어 싫어하는 기운까지 풍기는 사람이 있다면 굳이 그의 평가나 판단에 연연해야 할까요? 아니오, 그럴 필요는 없습니다. 그 친구는 나와 가치관이나 취미가 다른 사람이니 일정한 거리를 두고 지내면 됩니다. 모든 사람이 나를 좋아하지 않아도 되는 것처럼, 나도 모든 사람을 좋아해야 할 이유는 없어요. 내가 관심을 가진 사람들과 잘

마음 맞는 친구에게 더 집중하면 어떨까요?

지내기 위해서 노력하면 됩니다. 나를 싫어하는 사람도 있을 수 있고, 나에게 관심을 두지 않는 사람도 있다는 것을 인정하면서요.

　설령 같은 학급 친구라 할지라도 모두와 잘 지내기는 쉽지 않아요. 친한 아이도 있겠고, 인사 정도만 하는 아이도 있을 거고, 서로 무관심한 아이도 있을 겁니다. 그러니 같은 학급 친구라고 해서 그들의 반응에 일일이 예민하게 반응하거나 신경 쓸 필요는 없습니다. 하지만 같은 반 친구가 구체적으로 나를 싫어하는 표현을 했다면 무슨 섭섭한 일이 있었는지 물어보고 나의 행동을 돌아보아야 합니다. 내가 모르는 사이 그 친구에게 잘못을 저지른 경우라면 바로 사과하고, 오해한 부분이 있으면 이야기를 나누어 풀어야 합니다.

　그러나 별다른 이유 없이 나를 싫어하는 친구 때문에 나의 가치관을 바꿀 필요는 없어요. 그럴 때는 그냥 "그럴 수도 있지."라고 생각하세요. 살다 보면 누구나 "그럴 수도 있지."라고 수긍하며 넘어가는 순간을 맞게 된답니다. 나를 싫어하거나 나에게 무관심한 사람의 마음을 얻으려 노력하지 말고 나랑 잘 맞는 친구에게 집중해서 정성을 기울여보아요.

친구들뿐 아니라 선생님들과도 비슷한 문제가 발생할 수 있습니다. 나랑 취향이 다르고 의견이 맞지 않는 선생님도 얼마든지 있을 수 있잖아요? 당연히 교사와 학생 간에도 긴장과 갈등이 유발될 수 있습니다. 그러므로 상대방이 문제를 제기하면 과도하게 반응하거나 상처받지 말고 한 템포 쉬어 간다고 생각하면서 일단 경청하세요. 무엇인가를 지적받는다고 해서 모두 '내 탓'이라고 속단할 필요도 없습니다. 모든 사람과 잘 지내려고 과도하게 애쓰다 보면 자신의 빛깔이 없어질 수도 있으니까요.

혼자 노는 시간도 좋아

청소년들은 친구들을 적극 돕고 싶어 합니다. 좋아하는 친구에게 도움이 되는 경험과 행동을 통해서 자신에 대한 존재 의미를 찾기도 하죠. 그러나 사적인 관계에서 개인을 돕는 일과 공적인 공간에서 서로 돕고 힘을 합치는 일은 차원이 다릅니다. 경험의 차원도 다르지요.

학교행사나 학급행사 등 공적인 공간에서 공동체에 도움을 주는 활동은 구성원 모두에게 감동과 의미를 주는 행동입니다. 예를 들어서,

체육대회에서 대표로 뛰는 학급 선수들을 응원하고 편한 신발을 바꿔 준다거나 팔다리를 주물러주고 물을 떠 오는 일 등 공적 공간에서 협력 하는 일은 서로에게 믿음을 줍니다. 서로 더 가까운 사이가 될 수 있게 이끌어주죠. 이런 작은 경험이 쌓일 때 여러분은 학급이라는 공동체 안에서 일체감을 느끼게 됩니다.

이번에는 조금 다른 경우를 봅시다. 어느 한 사람이 개인의 필요에 따라 도움을 요청하고, 그에 따라 나머지는 편의를 제공해야 하는 일방 적인 상황이 지속된다면 좋은 관계가 될 수 없습니다.

힘세고 덩치 큰 친구 A의 요청을 하나둘 들어주던 B가 있습니다. A 대신 빵도 사다 주고, 식판도 갖다주고, 노트도 빌려주었죠. B는 학교 에서 혼자가 될까 봐 힘센 친구의 하찮은 심부름을 해주면서라도 무리 에 끼고 싶었나 봅니다. 그런데 이런 방식으로는 결코 외로움과 불안 함이 해소되지 않습니다. 반드시 이 점을 기억해야 합니다. 지금 서로 존중해주는 친구가 없다고 해서 일방적으로 끌려다니는 관계를 맺으 면 정말 좋은 친구를 사귈 기회마저 잃게 됩니다. 친구란 나보다 약한 점을 이용하여 남을 부리는 관계가 아닙니다. 인간 대 인간으로 대등 하고 자유로운 관계를 맺을 때 진정한 친구가 됩니다.

자신을 존중해주지 않는 친구와 어울리기보다는 혼자 있는 시간을 즐기세요. 관심 있는 분야를 탐색하며 나의 취미 생활에 몰두해보세 요. 식물을 재배하거나 새와 고양이 등 생명을 돌보는 일을 시작해도 좋아요. 식물이나 동물을 정성스럽게 돌보며 애정을 쏟는 사람들은 속 이 깊고 성실합니다. 이런 과정을 통해서 친구를 배려하고 이해하며

이든아, 우리 이번 주에 비원 가자!

도움을 줄 수 있는 능력이 형성됩니다. 새로운 사람 친구가 생겼을 때, 상대방을 존중할 줄 알고 함께 경험을 나누는 재미있고 멋진 친구가 될 수 있지요.

청소년 센터에 가서 이것저것 프로그램도 수강하고, 마을 도서관에서 주최하는 다양한 행사에도 참여해보세요. 요즘 도서관에는 청소년을 위한 프로그램이 참 많더군요. 요리 강좌나 사진 촬영 강좌는 기본이요 그림 그리기, 구술 동화, 독서 릴레이, 낭송반 등 흥미로운 강의들이 많았습니다. 부모님의 지원을 받아서 새로운 악기를 배우거나 수영이나 헬스 등 운동을 배우는 것도 좋고요. 혼자서 영화를 보거나 책을 읽거나 서점에 가서 흥미로운 신간들을 들춰보는 데엔 딱히 친구가 필요 없습니다. 나 혼자만으로도 충분해요.

같이 놀 친구가 없어서 외롭다고 한숨 쉬는 대신 나의 시간을 적극적으로 활용하여 새로운 것들을 배우고 탐구하세요. 이런 활동으로 시간을 보내다 보면 취미가 비슷한 친구를 만날 수도 있고, 정말 마음에 맞는 친구를 사귀게 될지도 모릅니다. 관심 있는 분야를 열심히 탐구하고 즐기는 친구들을 보면 신비한 매력을 느끼게 되잖아요? 이런 매력이 호감으로 발전하면 아마 둘도 없이 좋은 친구들이 될 겁니다.

보람이는 집안 사정으로 이모와 함께 살았습니다. 보람이는 비교적 말이 없는 편이었지만, 감성이 풍부하고 독특한 면이 있는 아이였습니다. 색종이로 개구리나 메뚜기 등을 접어서 교탁 위에 가득 올려둔 적도 있고요. 비 오는 날에는 친구들에게 소리를 지르기도 하고, 엄마가 보고 싶다고 눈물을 글썽거리기도 했습니다.

"보람아, 방과 후에 뭐해?"
"그냥 음악 듣고 지내는 편이에요."
"기타 좀 배우면 어때? 학교에 기타동아리 만들려고 해."
"…."

보람이는 기타동아리에 들어갔고, 매일 기타를 메고 다녔습니다. 한번은 등나무 아래에서 만나 보람이의 기타 반주에 맞춰 노래를 부르기도 했어요. 보람이는 동아리 친구들과 함께 지역 동아리 연합 발표회에 나갔습니다. 발표회가 끝난 뒤에도 보람이는 기타를 메고 다녔어요. 그다음 해 보람이는 학교 축제에서 보컬 친구와 함께 노래와 기타 연주가 어우러진 공연을 선보였답니다. 그의 어깨에는 늘 기타가 있었고, 곁에는 친구들이 있었습니다.[2]

사람 친구만 친구가 아니야

제가 중학교에서 국어 교사로 근무할 때 일입니다. 국어 수업 시간에 「벗 하나 있었으면」이라는 도종환 시인의 시를 공부하게 되었어요. 많은 친구가 자신의 기억에 소중하게 남아 있는 벗들에 얽힌 추억을 이야기했습니다. ○○이의 차례가 되었습니다. ○○이는 "나는 아직 사람 친구가 없지만, 나의 외로움을 달래준 특별한 친구가 있으니 소개하겠다."고 말했습니다.

"저는 초등학교 5학년에 엄마가 돌아가시고 밤늦게 퇴근하는 아빠를 기다리는 동안 노래를 들으며 시간을 보냈습니다. 슬픈 이별의 노래를 들으며 엄마를 생각했고, 기다림의 노래를 들으며 아빠를 기다렸습니다. 즐거운 노래를 들으며, 좋은 상상을 했습니다. 그때 저에게 음악은 가장 가까운 친구였습니다. 지금도 힘들거나 외로울 때는 음악을 친구로 생각하고 듣습니다."

2   박미자 지음, 『부모라면 지금 꼭 해야하는 미래교육』 위즈덤 하우스(2018), pp.106~107.

○○이처럼 사람 친구가 아닌 친구를 갖는 것도 멋진 일입니다. 음악이나 그림, 책, 동물, 나무, 꽃 등등 모든 것이 나에게는 좋은 친구가 될 수 있습니다. 동물이나 식물을 관찰하거나 키우면 그에 대해서 더 깊이 알게 됩니다. 책을 읽거나 음악을 듣는 일, 그림을 그리거나 달리기를 하는 일 등 여러 취미활동은 꾸준히 하고 집중할 때 즐거움이 몇 배로 커집니다. 그 과정에서 전문가가 되기도 해요. 취미가 발전하여 나중에 직업이 되기도 합니다.

중학생 이승현 군은 지난 2024년 7월 31일, 울산에서 '청다리도요사촌'을 발견하여 화제가 되었습니다. '청다리도요사촌'은 멸종위기 야생동물 1급으로 지정하고 있

이승현 학생이 울산시 울주군 서생면에서 발견한 청다리도요사촌(사진 제공 이승현)

는 새입니다. 울산 문수중학교 3학년 이승현 학생이 이 새를 처음으로 관찰하고 제보한 것이지요. 이승현 학생은 취미활동으로 울산의 새 관찰 모임 '짹짹 휴게소'에서 활동하고 있어요. 평소 학교 가는 날에도 새벽에 탐조 활동을 하고 등교할 정도로 열심히 활동했답니다. 발견 당일에도 새벽 버스를 타고 서생 해안을 탐조하여 아침 7시에 발견하고 울산시에 제보하였다고 합니다.

어떤가요? 이런 경우는 취미활동을 통해서 자신의 전문적인 분야를 발전시킨 사례가 될 수도 있겠지요?

사람이 아닌 친구들과의 만남은 그 자체로도 위로와 기쁨이 되고, 유사한 관심을 지닌 사람 친구를 만나게 해주는 훌륭한 매개체도 되어줍니다. 이처럼 취미활동을 하면서 쌓은 경험은 사람 친구와 만날 때 폭넓고 다양한 대화를 나눌 수 있는 이야깃거리도 제공해준답니다.

저는 고향의 뒷동산에서 해지는 것을 자주 보며 자랐습니다. 언덕에 앉아 시냇물이 흐르고 산 너머로 붉게 물들어가는 노을을 하염없이 바라보면서 일과를 마무리하는 것이 참 좋았습니다. 처음 교사로 발령을 받아 간 곳은 거리도 낯설고 사람들도 낯설어서 고단했는데요. 그럴 때면 한강이 내려다보이는 언덕에 올라 해가 지는 풍경을 바라보면서 마음의 안정감을 얻곤 했습니다. 세월이 흐른 지금도 언덕에서나 강가에서나 바다에서나 해지는 풍경은 저에게 친한 친구처럼 다정함과 위로를 건네줍니다. 해지는 풍경을 보고 있으면 정답고 그리운 사람들이 떠오르고 다시 삶을 힘차게 살아갈 수 있는 수많은 이유가 떠오르거든요.

> 혼자 있는 시간을 잘 보내는 법 <

- 좋아하는 노래 듣기
- 좋아하는 노래를 연습하여 감정을 넣어서 부르기
- 마음에 드는 곡을 완주하기 위해서 악기를 연주하며 연습하기

- 밖으로 나가서 천변이나 공원 산책하기

- 냉장고에 있는 재료들 꺼내서 색다른 요리하기

- 음악 틀어놓고 춤추기

- 좋아하는 영화 보기

- 관심 있는 드라마 몰아서 보기

- 다이어리 정리하기, 기록하기

- 샤워하고 좋아하는 아이돌 활동 유튜브로 보기

- 운동하기

- 자전거 타고 좀 멀리까지 갔다 오기

- 책 읽다가 잠자기

- 강아지나 고양이와 놀기

- Chat GPT에게 궁금한 것 물어보기

몰입의 즐거움

관심 있는 일이 있고, 더 자세히 알고 싶은 것들이 있어서 집중하여 살펴보고 자료를 찾아보는 일은 재미있습니다. 관심 있게 본 영화에 대해서도 이 영화를 어떻게 만들었을까, 어떤 스토리에서 시작했을까, 배우들은 이 영화를 만들면서 어떤 생각을 했을까, 이 위험한 장면은

몰입의 경험은 일상을 건강하게 해줍니다.

어떻게 찍었을까, 하면서 깊게 살펴보고 관련 자료를 찾아보면 훨씬 기억에 오래 남습니다.

어떤 일이나 대상에 관심을 두고 깊게 빠져들어 시간 가는 줄 모르고 집중하는 현상을 '몰입'이라고 하지요. 몰입하는 경험은 대상을 새롭고 소중하게 느낄 수 있게 해줍니다. 때로는 하늘이 너무 예뻐서, 숲의 나무들이 너무 좋아서, 모닥불이 타오르는 모습이 참으로 좋아서 멍때리면서 집중해서 보는 것도 몰입의 한 모습입니다. 몰입의 경험을 통해서 대상의 의미가 새롭게 다가오기도 합니다. 식물을 가꾸거나 요리할 때, 음악을 감상할 때, 운동을 할 때도 집중하고 몰입하는 경험을 할 수 있습니다.

내가 어떤 일에 혹은 어떤 대상에 몰입해 있을 때는 행복감을 느끼지 못할 수 있습니다. 그 자체에 빠져 있어서 다른 것은 생각할 여지가 없거든요. 몰입의 특징 중 하나는 일을 마치고 나서야 충만한 행복감을 느낄 수 있다는 점입니다. 물론 이 과정을 해낸 자기 자신에 대한 자부심도 느낄 수 있고요.

몰입은 내가 무엇인가를 배우고, 실력을 쌓아가고, 새로운 단계로 진입하게 해주는 원동력입니다. 몰입의 경험이 많은 사람은 배움을 두려워하거나 새로운 학습을 불편해하지 않습니다. 쏟아부은 열정과 시간에 따라 나 자신이 얼마큼 업그레이드되는지 이미 몸으로 알고 있기 때문이죠.

좋아하는 운동선수나 특정 인물, 혹은 아이돌이나 연예인에게 관심을 갖고 그들의 생활과 활동에 대한 자료를 모아본 적 있나요? 좋아하는 운동선수가 출전하는 경기에 직접 가보거나 아이돌의 콘서트에 가서 열렬히 소리쳐본 적이 있나요? 소위 '덕질'이라는 행동들이죠. 어떤 어른들은 "그럴 시간 있으면 공부를 해라."고 하지만 저는 생각이 좀 다릅니다. 무엇인가를 또는 누군가를 열렬히 좋아하여 깊이깊이 파보는 경험은 정말 값진 것입니다. 덕질은 집중력을 높여주고 삶의 즐거움을 느끼게 해줍니다. 삶의 활력소 같은 것이지요.

관심 있는 일에 대해 자료를 모으고, 이런 것을 자기 방에 가득 붙여놓고는 흐뭇하게 바라보는 행동에 죄의식을 느낄 필요는 없습니다. 남의 눈치를 볼 필요도 없어요. 함께 생활하는 보호자나 어른들은 "왜 그런 쓸데없는 일에 시간과 돈을 낭비하냐!" "차라리 공부해라!"며 잔소리를 할 수도 있습니다. 어른의 눈으로 볼 땐 자신과 취향이 너무 다르니까 거부감이 들 수도 있고요. 걱정하지 마세요. 다른 사람에게 피해를 주거나 나의 기본적인 생활에 타격을 주는 경우가 아니라면 오히려 이해와 협조를 구할 수도 있습니다.

청소년기는 관심을 둔 대상에 집중적으로 몰입할 수 있는 특별한 시기입니다. 이 몰입의 경험을 통해서 내가 무엇을 좋아하는지를 이해하게 되고, 좋아하는 일을 탐구할 때의 진짜 즐거움을 경험하게 됩니다. 몰입의 경험은 청소년의 성장 과정 중 다음과 같은 세 가지 긍정적인 영향을 줍니다.

❶ 같은 대상(분야)에 빠진 사람과 친구가 될 수 있다

그들은 자신의 이야기를 늘어놓지 않습니다. 자기가 좋아하는 아이돌 이야기만 합니다. 함께 좋아하는 마음을 공유하는 것만으로도 이야기가 즐겁고 행복합니다. 맛있게 먹었던 음식이나 돌보고 키우는 동물이나 식물 등 대상이 그 무엇이든 이토록 깊은 관심을 가지는 것, 서로 같은 대상에 대해서 오랜 시간 지치지 않고 이야기를 나누는 경험 자체가 소중합니다. 이런 것이야말로 삶을 살아가는 즐거움이 아닐까요? 청소년들의 기억 속에 친구와 나눈 즐거운 추억이 많이 담긴 그림들이 한 층 한 층 쌓일수록 행복감이 높아지고 삶에 대한 열정 또한 높아질 것입니다.

❷ 집중적으로 탐구하는 과정에서 몰입의 즐거움을 경험할 수 있다

청소년은 관심을 가진 인물이나 사건, 환경 등을 집중적으로 조사하고 자료를 수집하는 과정에서 탐구의 즐거움을 경험합니다. 좋아하는 대상에 대해 여러 정보를 탐색하면서 시간을 보내는 동안 즐거움도 느끼지만 한 가지 일에 집중하는 습관도 기르게 됩니다. 이러한 습관은 생각하는 능력을 확대하고, 뇌세포의 연결구조가 유능해지는 기본 조건을 형성해주는데요. 우리가 무엇인가를 탐구하는 동안 뇌세포들은 서로 연결망을 형성하여 뻗어나가면서 새로운 판을 짭니다. 불필요한 부분은 가지치기를 하고 긍정적인 연결부분은 더욱 튼튼하게 다져집니다. 뇌세포 간의 연결부위가 굵어지면 더욱 빠르고 튼튼하고 유능한 뇌 구조로 변화하면서 사고력이 깊어집니다. 덕질을 하는 동안 이런 멋진 일이 우리 뇌에서 일어나는 것이지요.

청소년들의 뇌는 이 같은 과정을 통해 자신이 관심을 가진 분야를 집중적으로 탐구하는 것이 매우 즐겁고 흥미진진한 작업이라는 사실을 학습합니다. 이러한 학습 능력은 어른이 되어서도 관심 분야에 대한 탐구력과 열정을 품게 해줍니다. 일을 할 때 주어진 매뉴얼대로 하기보다는 주도적으로 자료를 조사하고 분석하여 정리하게 해주고요. 그러니까 덕질은 한마디로 유능한 뇌 구조를 형성하는 데 큰 도움을 줍니다.

❸ 자신을 믿고 자부심을 갖습니다

자신이 뭔가에 집중하면 얼마나 잘 탐구할 수 있는지를 알게 됩니다. 나 자신을 믿고 몰입했던 시간과 장면 하나하나가 나를 사랑하는 기억으로 오래 간직됩니다. 열정적으로 몰입하여 탐구했던 시간에 대한 추억은 자신을 사랑할 수 있는 가장 믿음직한 장면입니다.

그런데 어른들은 대개 청소년들이 공부는 하지 않고 취미활동에 집중하거나 아이돌의 신상에 관심을 갖고 덕질을 하면 한심한 눈으로 쳐다봅니다. 때로는 지나치게 걱정하기도 합니다. 이런 이유로 청소년들은 덕질을 숨기거나 몰래 하는 경향이 있습니다. 거짓말을 하고 아이돌 콘서트에 가기도 하고, 아이돌에 관련된 각종 정보와 사진을 비밀리에 수집하기도 합니다. 그런데 부모님이 좋아하지 않는 아이돌을 덕질하고, 어른들이 비호감을 드러내는 동식물을 키운다고 해서 미안함이나 죄의식을 가질 필요는 없습니다. 취미 생활은 개인의 관심과 취향이니까요.

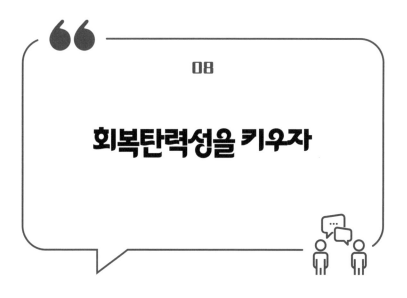

08

회복탄력성을 키우자

회복탄력성이란 '실패나 부정적인 상황을 극복하고 원래의 안정된 심리적 상태를 되찾는 능력'입니다. 살아가며 어려운 일을 겪으면 스트레스를 받게 마련입니다. 실패하거나 실수를 저지르면 자존감이 떨어지면서 만사가 귀찮아지고 몸과 마음이 약해지는데요. 회복탄력성이란 이럴 때 일정한 시간이 지나면 다시 원래 자신의 상태로 돌아오는 힘을 뜻합니다.

누구나 힘든 일을 겪고 스트레스를 받으면 지치고 힘듭니다. 그런데 회복탄력성이 좋은 사람은 이럴 때 무너지지 않아요. 잠시 멈추고 쉬면서 자신이 했던 행동이나 상황을 돌이켜보고는 극복해야 할 점, 고쳐야 할 점을 생각합니다. 자신이 중요하게 생각하는 것이 무엇인지 되새기면서 새롭게 집중할 힘을 모읍니다.

어떤 사람들은 청소년들이 한 가지 잘못을 하면, "싹수가 없다." "떡잎부터 알 수 있다." 같은 부정적인 예언을 합니다. 이런 말이 정말 잘되라고 응원하는 마음에서 나온 표현일까요? 저는 그렇게 생각하지 않습니다. 왠지 겁을 주고 협박한다는 느낌을 지울 수가 없거든요. 또 이런 어른도 있어요. 중요한 일을 앞둔 청소년들에게 "인생에서 정말 중요한 일이다. 이 일이 잘못되면 끝장이다."라고 말하는 사람들이요. 정신 차려서 집중하여 잘 해내라는 뜻이겠지만 이런 말을 자꾸 들으면 마음이 위축되고 자신감은 오히려 떨어지거든요. 이런 분과 가까이 있는 청소년들이 안타깝습니다. 그런 말에 위축되지 말고 힘내라고 응원하고 싶어요.

한동안 화제를 모았던 드라마 〈스카이캐슬〉에는 방 한가운데 피라미드를 만들어 두고 아이들을 겁박하는 아버지가 나와요. 피라미드의 꼭대기가 되어야 성공한 인생이라는 말을 수없이 되뇌는 무서운 아버지였습니다. 이런 부모님은 생각만 해도 소름이 끼칩니다.

"시험을 망쳤다고? 그게 얼마나 중요한 시험인데. 이제 넌 끝장이야."

"사춘기를 잘 넘겨야 해! 청소년 시기에 모든 것이 결정된다."

"지금 정신 못 차리면 인생 끝나는 것이지."

"입시에서 실패하면 끝이지."

이런 말을 자주 듣다 보면 실수나 시행착오 없이 한 길로 쭉 가는 사람만이 성공한 것처럼 여겨집니다. 그러나, 우리 인생은 그렇게 쉽게 결정되지도 않고 예상대로 흘러가지도 않습니다. 인생의 초반이 편안해도 중후반이 어려울 수 있고, 초반에 고생을 많이 해도 후반은 멋질 수 있습니다. 어른들 말처럼 인생은 '살아봐야 아는 것'입니다. 여러분의 언어로 통역하면 '끝날 때까지 끝난 게 아닌 것'이고요.

우리는 누구나 살면서 실수도 하고, 예상 밖의 어려운 상황을 만나 실패하기도 합니다. 실수와 실패는 인생에 나쁜 영향만 미치는 것일까요? 그렇지 않아요. 여러 상황을 겪으면서 오히려 더 많이 배우는 사람도 있습니다. 좌절하지 않고 꾸준히 노력하여 더 크게 성장할 수도 있고, 다른 사람들에게 더 많은 희망을 주는 사람이 될 수도 있습니다. 단, 당사자가 자리를 털고 일어나 멈추지 않고 힘을 내어야 해요. 그러면 우리의 뇌는 실수나 실패를 통해서 얻은 정보를 분석하여 더 섬세하고 정교한 대응책을 마련한답니다. 같은 실수를 반복하지 않기 위해서 어느 부분에서 문제가 있었는지 분석하고, 모아낸 정보를 결합하고, 서로 연결합니다. 그래서 다시 계획을 세우고 도전할 때는 자신의 약점을 보완하고 더 좋은 방법들을 찾아냅니다. 이러한 능력이 바로 회복탄력성입니다.

우리는 또 실수를 통해서 겸손한 마음을 배웁니다. 이로써 다른 사람이 실수를 저질렀을 때도 너그럽게 받아들이고 응원하게 되지요. 이런 사람의 마음 안에는 '실수는 누구나 하는 것' '사람은 실수를 통해 배운다.' '같은 실수를 반복하지 않으면 된다.'와 같은 생각이 들어 있답니다. 모두 경험으로 얻은 귀한 가르침인데요. 실수는 자기 내면에 있는 여러 가지 모습을 경험하게 해주는 기회이기도 합니다.

무엇이든 빨리 성취해야 한다는 조급한 마음이 들 때는 다음의 두 가지를 생각해보면 좋겠습니다.

- 첫째, 봄에 피는 꽃도 아름답지만, 여름에 피는 꽃, 가을에 피는 꽃, 한겨울에 눈 속에서 피는 꽃도 모두 아름다운 꽃들이라는 점 말입니다.
- 둘째, 우리말의 격언에 '실패는 성공의 어머니'라는 말이 있는데요. 어쩌면 실패 하는 것을 통해서 성공하는 방법을 터득하게 되고, 보다 정확하고 정교한 능력 을 갖게 되니 좌절하지 말라는 의미겠지요?

세계적인 축구선수 조규성(1998년생)은 키 189센티미터에 포지션은 스트라이커입니다. 그는 초등학교 시절 축구를 시작하여 안산 원곡중 학교에 다녔습니다. 중학생 때는 키가 작아 경기에 출전하지 못한 채 거의 벤치에서 대기했는데요. 안양공고로 진학한 조규성은 키가 성장 하였고 축구를 계속했지만, 1~2학년 때까지는 두각을 나타내지 못했 습니다. 그러다가 고등학교 3학년 때 경기에서 좋은 성적을 거두고 광 주대학교에 진학했어요. 대학교 2학년 때까지도 수비형 미드필드로 출전하며 벤치에 머무는 시간이 더 많았다고 합니다.[1] 그는 대학교 3학 년 때부터 감독의 권유로 공격수로 포지션을 변경하였고, 언제나 열심

---

1   제이콥(2023. 9.25), 제이콥의 축구이야기

좋아하는 일은 더 열심히 할 수 있어.

히 노력한 끝에 마침내 군 제대 후 두각을 나타내면서 현재 세계적인 선수로 활약하고 있습니다.[2]

삶은 쉽게 끝나지 않습니다. 누군가 "끝났다."라고 말하는 동안에도 시간이 흐르고 삶은 계속됩니다. "실패하면 끝이다."라고 말하는 소리에 기죽지 말고 우선 나 자신이 무엇을 진짜 원하는지 깊게 들여다보세요. 그런 성찰의 시간을 자주 가져보세요. 자신이 좋아하는 일을 위해 꾸준히 노력하는 동안 능력은 단련됩니다. 이러한 과정을 통해서 여러분 모두가 자기 자신을 신뢰하게 될 텐데요. 그러면 기적이 일어납니다. 멋지고 새로운 일들이 여러분 눈앞에 벌어질 거예요!

---

2   조규성 인스타그램

> 회복탄력성을 높이는 방법 <

- 첫째, 지금 자신이 있는 장소에서 환경을 바꿔줍니다. 다른 장소로 이동하는 것이지요. 잠시 밖으로 나가서 바람을 쐬거나 창문을 열어서 분위기를 환기할 수도 있습니다. "잠깐 나갔다 올게요."라고 말하고 동네를 한 바퀴 돌거나 공원을 산책하는 것도 좋아요. 환경이 바뀌면 마음의 여유가 생깁니다. 산책하며 걸으면 마음이 차분해지죠. 걸으면서 생각하게 되고 상황을 돌아볼 수 있는 시간도 가질 수 있습니다. 걷기는 심장의 박동과 조화를 이루기 때문에 마음을 편안하게 해줍니다. 걷기는 회복탄력성을 높이는 데 큰 도움이 됩니다.

- 둘째, 샤워를 하며 몸과 마음의 긴장을 풀어줍니다. 그리고 자신에게 "애썼다."고 말해줍니다. 샤워할 때 좋아하는 노래를 틀면 기분이 좋아집니다. 샤워가 끝나면 음악을 들으며 몸과 마음을 쉬게 해줍니다. 자신을 위로하며 "애썼다."고 말해주면 회복탄력성이 쑥 올라갑니다.

- 셋째, 다시 도전합니다. 그때의 상황을 생각해보고 자신의 행동을 돌아보면서 새로운 방법을 찾아보는 것이지요. 주변 사람들에게 "미안, 더 준비해서 다시 해볼게요."라고 말하고 도전합시다. 실패하거나 실수하고 나면 누구나 다시 도전하기가 두렵습니다. 그럼에도 두려움을 다시 마주하고 도전할 때, 우리의 몸과 뇌는 집중력을 강화하여 지혜를 모읍니다. 도전하기 전보다 더욱 유능한 능력을 갖추게 되는 것입니다. 이러한 일상적인 자기 훈련을 통해서 회복탄력성을 높여봅시다.

3부

부모님과 대화하기

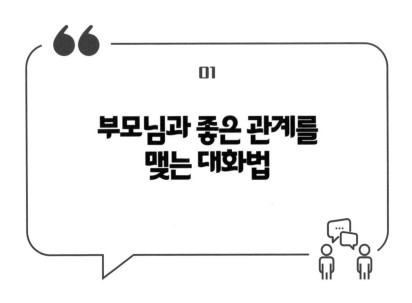

01

부모님과 좋은 관계를 맺는 대화법

말과 행동도 유전되나요?

부모님의 말과 행동에는 여러분이 좋아하는 점도 분명히 있지만 싫어하는 점도 있을 것입니다. 부모님과 똑같은 사람이 되고 싶어 하는 청소년도 거의 없고요.

청소년들은 부모님께서 술을 자주 마시는 행동, 술에 취하면 가족에게 폭언하거나 훈계를 늘어놓거나 폭력을 휘두르는 상황을 정말 힘들어합니다. 어렸을 적에는 그런 행동들이 무서워서 일단 피했지만, 청소년이 되어서는 조금 다릅니다. 무작정 피하기보다는 그런 행동을 한심하다는 듯 바라보거나 문제제기를 하면서 대들다가 더 많이 혼나는 경우도 있습니다.

　부모님이 술에 취해서 했던 잘못된 언행에 대해서는 술이 깨고 난 후에 가족이 함께 모인 자리에서 사과받는 것이 좋습니다. 사과를 받고 나면 달력에 기록해서 기억으로 남겨놓도록 하세요. 폭력과 폭언이 계속되면 친척 어른들의 중재를 받거나 사회기관의 도움을 받는 방법을 선택할 수 있습니다. 요즘은 부모라 할지라도 자녀에게 폭력적인 행동을 하면 아동 폭력으로 법적인 제재를 받게 됩니다. 폭력적인 언행을 일삼는 부모를 교육하는 일과 마음의 상처를 입은 자녀에 대한 치유는 (부모의) 폭력이 중단되고 (부모의) 사과가 이루어진 다음부터 본격적으로 시작될 수 있습니다.

　부모로부터 폭언과 폭력을 당하게 되면 어린 시절에는 직접적인 마음의 상처를 입지만, 청소년기에는 조금 다른 방향으로 상처를 입습니다. 동생과 가족을 지켜주지 못했다는 죄책감을 갖게 되거든요. 따라서 학교나 지역 기관에 상주하는 상담 전문가의 도움을 받아서 억울한 마음의 응어리를 풀어가는 심리적 치유 과정을 거쳐야 합니다. 몸을 다쳤을 때 치료를 받는 것과 마찬가지로 정신적인 상처를 받았을 때는 상담 선생님이나 믿을 만한 전문가에게 마음을 털어놓고 위로와 치유를 받으면서 마음의 건강을 회복할 수 있습니다.

　청소년 중에는 부모님의 잘못된 말과 폭력적인 행동들을 그 자체로도 싫어하지만, 자신이 그런 요소를 유전인자로 물려받았을까 봐 걱정하는 사람도 있습니다. 말하고 행동하는 방식은 유전되지 않습니다. 말과 행동으로 표현되는 일상의 습관들은 자신이 스스로 노력하여 만들어가는 것입니다.

이와 관련하여 체로키 인디언 부족에게 전해오는 이야기가 있습니다.[1]

할아버지가 손자에게 이야기합니다.

"사람의 마음속에는 늘 싸움이 일어나고 있단다. 사나운 늑대 두 마리가 싸우는 것 같지. 그 싸움은 너무도 치열하고 끔찍해서 어느 한쪽이 이기면 다른 한쪽은 거의 죽을 지경이 된단다. 늑대 하나는 우리 안에 있는 악마 같은 본성을 의미해. 분노, 질투, 슬픔, 후회, 탐욕, 교만, 분개, 자기연민, 죄의식, 열등감, 거짓, 허영, 잘난 체하는 것들, 거짓 자아 등이지. 다른한 놈은 사람 안에 들어 있는 착한 본성을 상징해. 기쁨, 평화, 사랑, 희망, 친절, 선의, 고요함, 겸손함, 동정심, 관대함, 진실, 연민, 신뢰 등이지. 이런 싸움은 네 안에서도 일어나고 내 안에서도 일어나. 모든 사람의 마음에서 늘 일어나고 있지."

이야기를 듣고 있던 손자가 물었습니다.

"할아버지, 어떤 늑대가 이겨요?"

할아버지가 대답했습니다.

"네가 먹이를 더 자주 주고, 더 많이 주는 놈이 이기겠지!"

그렇습니다. 가족과 친구에게 가급적 친절하게 말하고 상대방의 말

---

1   이 이야기는 체로키 인디언 부족 사이에서 전해지는 것으로 온라인상에 떠도는 내용을 정리한 것이다.

을 귀하게 들어주고 서로 도우며 살아가는 품성은 부모로부터 물려받은 유전적 요소라기보다는 부모님이나 주변 사람들의 좋은 점을 기억하고 배우는 자신의 노력으로 만든 결과입니다. 인간은 누구나 위 이야기에 나오는 늑대와 같은 괴물을 마음속에 두고 살아가요. 하지만 자신의 말과 행동을 돌아보며 더 좋은 방향으로 노력하면 우리 안의 괴물을 다스리고, 좋은 습관과 좋은 품성을 계발할 수 있습니다.

어른들도 상처받는다

우리 딸이 중학생 때였어요. 서로 의견이 맞지 않아서 다투고 있었습니다. 딸은 계속 억지를 쓰고 고집을 부렸죠. 사실관계가 너무나 명백한 일이라서 다시 한번 설명을 시작하려는데, 아이가 갑자기 짜증을 내면서 소리를 빽 질렀습니다. 저는 마음이 답답해서 이렇게 말했습니다.

"네가 억지를 부리니까 내가 힘들어."

"제가 왜요?"

"내 마음이 답답하다고…."

"나 때문에?"

"…."

"아 진짜, 엄마 지금 우는 거예요?"

그 순간 저는 엄마라거나 어른이라는 사실을 다 잊은 채 그저 당황스럽고 막막해서 눈물을 주루룩 흘리며 말을 더듬거렸습니다. 딸은 그 모습에 좀 충격을 받았는지 말을 멈추고 한동안 저를 바라보다가 자기 방으로 들어갔습니다. 이런 어색한 경험을 통해서 저는 내가 엄마이기 전에 인간이며, 내 아이가 어릴지라도 내게 화를 내면서 심하게 말하면 상처받을 수 있다는 것, 눈물이 나오고 말을 잘 못할 수도 있다는 걸 깨달았습니다.

오랜 시간이 흘러서 딸이 대학생이 되었을 때입니다. 딸과 차를 한 잔하면서 당시의 경험을 나누게 되었습니다. 저는 딸아이에게 그때 썼던 일기를 보여주었습니다. 딸아이 앞에서 우는 모습을 보이고 난 후에 엄마도 인간적으로 약한 모습을 갖고 있다는 사실을 스스로 알게 되

엄마도 약한 사람입니다.

었고, 딸이 당당하게 자기주장을 하는 것을 보며 대견하기도 하고 섭섭하기도 했다는 내용이었죠.

딸은 이렇게 말했습니다.

"엄마, 엄마들은 상처 안 받는 줄 알았어요. 어른이니까요. 그래서 엄마랑 의견이 안 맞아 다툴 때도 처음부터 끝까지 엄마라고만 생각했어요. 어른이 뭐 저래 하는 생각으로 더 많이 화를 내기도 했고요. 중학생 때, 그날도 엄마랑 의견이 달라서 섭섭한 마음이 들고 짜증 나서 소리를 빽 질렀는데, 엄마가 눈물을 글썽거리면서 말을 더듬더라고요. 충격받았어요. 엄마가 우는 모습을 보고 엄마도 나처럼 실수도 하고, 당황하기도 하는 약한 인간이라는 사실을 알게 되었어요. 엄마도 상처받을 수 있다는 점을 알게 되면서 엄마가 아니라, 한 인간인 ○○○ 씨라는 생각이 들었습니다. 가끔 ○○○ 씨라고 불렀던 내 마음을 알아주세요."

저는 딸의 솔직한 말을 들으며 진짜 많은 생각을 했습니다. 중학생이라 어리다고만 생각했는데 생각이 참 깊었구나, 하고 놀랐습니다. 자기 생각만 하는 철부지인 줄 알았는데 엄마를 이해했구나, 하는 생각이 들어서 미안하기도 했어요.

이제 청년이 되었으니, 앞으로는 솔직하게 터놓고 물어보고 의논해야겠다는 생각도 하게 되었습니다. 다른 부모님들도 저와 비슷한 경험을 하셨을 거예요. 자녀와 다투다가 상처를 받거나 스스로 무력감을 느끼면서 울 때도 있었을 거고요. 자녀들이 살면서 부딪치는 문제들

가운데는 부모라도 해결해줄 수 없는 일이 많고, 또 말로 무어라고 정확하게 표현하기 힘들어서 혼자 외롭게 견뎌야 할 일들도 있으니까요.

부모님도 위로와 응원이 필요해

여러분과 부모님은 일상생활 경험이 다르고 또 정서도 다릅니다. 부모님이 만나는 사람들과 청소년이 만나는 사람들은 연령대도 다르고 관심사도 달라요. 그러니 청소년들이 처한 상황에 대해서 구체적으로 설명하지 않으면 공감하기 어려울 수도 있습니다. 거꾸로 부모님도 마찬가지고요.

그런데 아주 큰 차이점이 하나 있습니다. 부모님들은 여러분이 뭔가 어려움을 호소하면 공감해주기보다 일단 문제를 해결해주어야 한다고 생각한다는 점입니다. 그래서 그저 툭 털어놓고 위로받으려고 하소연했다가 일이 커지기도 하는 거예요. 때로는 부모님이 청소년기였던 과거와 여러분이 청소년기를 보내는 중인 현재의 가치 기준이 너무나 달라서 문제가 생기기도 합니다.

예를 들어볼게요. 먼저 친구 사이를 봅시다. 친구가 힘들어하면 "무슨 일 있어?"라고 물으면서 서로 이야기하고 위로하는 중에 마음이 저절로 풀리기도 합니다. 친구가 화를 내면 "화난 거야?"라고 물어보면 그만입니다. 그러면 친구가 화가 난 이유나 사정을 말해주고, 서로 공감하면서 더욱 친해질 수도 있어요.

그런데 같은 상황이라고 해도 부모님과 자녀 사이는 친구를 대할 때와 다릅니다. 부모님께서 힘들어하실 때 여러분이 도움이 되고 싶은 마음으로 무슨 일인지 물어보면 부모님들은 대개 이렇게 대답하시죠. "너는 몰라도 된다." 또는 "신경 쓰지 말고 네 할 일이나 잘해." 하고요. 듣는 여러분은 좀 기분이 상합니다. 도우려고 했는데 왠지 마음을 무시당하는 것 같아서요. 또 이런 일도 있습니다. 부모님께서 화를 낼 때 "왜 화가 나신 거예요?"라고 물어보았다가 "내가 지금 화 안 내게 생겼냐?"라고 도리어 눈치 없는 사람으로 몰려 혼나는 경우요. 어린 시절에는 부모님께서 화를 내면 무조건 두려운 마음부터 들었지만 10여 년을 살아온 청소년들은 이제 "왜 툭하면 화를 내냐?"고 억울해하고 불만을 가질 만큼 자랐습니다. 또는 자신이 부모님께서 기대하는 것만큼 유능하거나 잘 나지 않아서 화를 내는 것은 아닐까 하는 마음을 가질 수도 있습니다.

부모님께서 화를 낼 때 '나 때문인가?' 하며 자책하거나 본인에게서 원인을 찾으려 하지 마세요. 물론 여러분의 문제로 화를 내는 일도 있겠지만, 부모님 개인의 문제로 화가 나는 경우도 많거든요. 그럴 때는 그냥 "화가 나셨네." "화를 낼 만큼 힘드시구나." 하고 넘어가면 됩니다. "엄마, 왜 그래, 왜 그래?" 하고 물어보는 게 아이의 사랑 표현이라면, 알아도 모르는 척 넘어가는 것은 이제 성인이 되려 하는 청소년의 사랑 표현법입니다.

청소년으로 성장한 것은 대단한 일입니다. 인간이 아닌 다른 동물들은 인간보다 매우 빠르게 독립합니다. 새는 태어나서 2~3주면 날기 시

아이는 부모님의 사랑을 먹고 자란다!

작하고요, 송아지는 태어나서 1~2시간이면 걸을 수 있습니다. 제가 어린 시절에 목격한 일인데요, 하루는 옆집에서 송아지가 태어났어요. 그런데 어른들이 어미 소를 돌보는 사이에 글쎄, 송아지가 밖으로 걸어나간 거예요. 마을 사람들이 놀라서 송아지를 찾으러 다녔던 모습이 아직도 기억이 남아 있습니다. 암송아지는 태어난 지 12개월 전후로 수정이 가능하고, 뱃속에서 280여 일 되면 송아지가 태어납니다. 무척 빠르지요?

사람은 아주 다릅니다. 인간은 1년 이상을 혼자 걷지 못해요. 혼자서 기본생활을 하기까지 여러 해 동안 양육자가 밀착해서 돌봐주어야 합니다. 보호자의 적극적인 돌봄이 없으면 생존 자체가 불가능하죠. 현대사회에서는 인간이 기본적인 교육을 받고 독립적인 삶을 살아가기까지 약 20년 이상 걸립니다. 지금까지 여러분은 부모님께서 10년 이상을 돌봐주신 덕에 청소년으로 성장했습니다. 그런데 이게 끝이 아니에요. 앞으로도 10여 년 더 부모님께서 돌봐주셔야 한 인간으로 독립해서 살아갈 수 있습니다.

나를 이만큼 돌봐주신 분들의 헌신은 참으로 고마운 일입니다. 그러니 부모님에 대한 고마운 마음을 말로 표현해보면 어떨까요? 처음에는 어색할 수도 있지만 자꾸 하다 보면 자연스럽게 입에도 붙고 마음에도 붙을 겁니다.

> "고맙습니다."
> "사랑합니다."
> "이만큼 키워주셔서 감사해요."
> "저는 우리 부모님의 아들/딸로 태어나서 다행이라고 생각해요."

이런 말은 청소년 자신에게도 힘이 되고, 부모님에게도 큰 위로가 됩니다. 아침에 등교할 때도 "잘 다녀오겠습니다."라고 인사하며 헤어지고, 일과를 마치고 집에서 다시 만났을 때는 "고생 많으셨습니다." "오늘도 애쓰셨어요. 감사합니다."라고 부모님을 위로하고 격려해보세요. 자녀들의 위로와 격려는 부모님에게 살아가는 힘이 됩니다. 여러분이 부모님께 고마움을 적극적으로 표현하면 부모님의 자존감이 높아지고 삶의 보람을 더 많이 느끼실 것입니다.

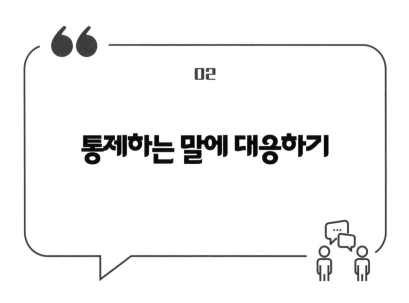

02

통제하는 말에 대응하기

걱정하시는 마음 알아요

휴일에 등산을 갔다가 부모님과 함께 산에 온 청소년들을 만나면 반갑습니다. 그래서 그들과 가까이 걸으며 걷는 모습이나 말하는 내용을 유심히 관찰합니다. 청소년들은 대개 부모보다 빠르게 걷습니다. 잘 닦여진 등산로보다는 샛길이나 비탈길로 걷는 경우가 더 흔하고요. 그런 모습을 본 부모님들은 걱정하면서 등산로로 걸으라고 채근하시기도 해요.

"그쪽으로 가면 안 되지!"

"왜요?"

"왜 좋은 길 놔두고 다른 길로 가냐고~."

"이쪽 길로 가도 결국 같은 방향이에요."

"너 요즘 왜 그래?"

"내가 뭘요?"

"제발 엄마 말 좀 들어!"

"….."

이럴 때 여러분은 '아 ~짜증 나.'라고 속으로 투덜거리면서 돌멩이를 찰 수도 있습니다. 어쩌면 '다음부터는 절대 같이 나오지 말아야지.' 하고 엄마와의 나들이를 후회할 수도 있습니다. 어떤 경우든 집으로 돌아오기까지 기분이 좋을 리 없겠죠. 이런 훈계들은 일상에서 비교적 자주 일어납니다. 부모는 자녀를 걱정하는 마음에서 하는 말이지만, 청소년의 입장에서는 사사건건 방해받는다는 생각이 들 수도 있습니다.

이럴 때는 여러분이 먼저 용기를 내서 속마음을 말하는 것이 어떨까요?

부모님은 등산에 따라나선 자녀가 사랑스럽기도 하고 안전하게 지켜주고 싶은 마음이 앞서기에 세심하게 신경을 쓸 수밖에 없어요. 그러니 이럴 때 여러분은 부모님에게 불평하기보다는 '걱정하시는 마음'

을 알아주고 '저도 안전에 신경 쓰고 조심하겠다.'라고 친절하게 응대하면 좋겠습니다.

앞의 대화를 한번 바꿔보겠습니다.

"그쪽으로 가면 안 되지!"

"왜요?"

"왜 좋은 길 놔두고 다른 길로 가냐고."

"걱정하는 엄마 마음 알겠어요. 그런데, 이쪽 길도 결국 같은 방향에서 만나게 되어 있어요."

"너 요즘 왜 그래?"

"궁금해서 그래요. 조금만 가보다가 다시 올게요. 여기서 잠깐 기다려주실래요?"

"그러면 여기 있을 테니까, 조금만 갔다가 와."

"저기 계곡까지만 갔다 바로 올게요."

"에휴, 조심하고 엄마가 부르면 바로 와야 해?"

"알았어요."

일상생활에서 부모님의 마음을 이해하고 이것을 표현하는 과정은 청소년이 자신의 삶과 관련한 문제에 대하여 주변 사람들과 어떻게 의논하고 어떻게 행동할 것인지를 선택하는 힘을 길러줍니다.

외출 금지를 푸는 열쇠

홍관조 엄마새와 아빠새가 아기새에게 먹이를 먹이고, 또 아기새가 하늘을 날도록 훈련시키는 과정을 들어볼까요?

엄마새가 알을 품고 있을 때, 아빠새가 헌신적으로 돌봐주었습니다. 아기 새가 알에서 깨어나니까 엄마새와 아빠새가 먹이를 잡아다 먹여주며 함께 돌봤습니다. 2~3주 지나니까 새들이 어느 정도 커서 청소년새라고 할 정도로 털도 삐쭉 나오고 날갯짓을 시작했습니다. 엄마새와 아빠새는 아기새에게 자신들이 둥지에서 뛰어내리는 모습을 보여주고는 그를 둥지에서 떨어뜨렸습니다. 부모가 보는 앞에서 둥지를 떠나 날아가는 연습을 하는 것입니다.

아기새가 자라서 날기 연습을 하다가 결국 둥지를 떠나는 것처럼 청소년 시기는 어린 시절을 지나면서 혼자 날아가는 연습을 시작하는 시기입니다. 새들이 둥지를 떠나서 날아가야 독립하는 것처럼 사람도 마찬가지예요. 부모가 일일이 통제하고 하나하나 지시하고 위험하다고 금지하면 성인으로서 세상을 대면하여 살아갈 힘을 갖기 어렵습니다. 부모님은 어떤 경우에 잔소리를 가장 많이 할까요? 어떤 문제에 가장 민감하게 반응할까요? 어떤 친구는 외출했다가 돌아오는 귀가 시간을 정하는 과정에서 가장 많이 다툼이 일어난다고 하더군요. 예를 살펴볼게요.

"약속한 시각을 어기면 2주간 외출 금지야."

"너희끼리 놀이공원 가는 거 안 돼."

"그 동네 말고 다른 데로 가라."

"등산은 아빠 엄마랑 갈 때 같이 가자. 너희끼리 가면 위험해."

"친구 집에서 자다니 말도 안 돼."

.
.
.

부모는 자녀를 밖에 내보내는 게 불안하고 위험하다고 생각합니다. 여러분이 아무리 "엄마, 나는 다 컸어요. 애가 아니에요."라고 우겨도 소용없습니다. 그러니 안전하게 귀가하길 원하는 마음으로 자녀가 외출할 때마다 "빨리 와."라는 말을 입버릇처럼 하게 됩니다. 청소년들 마음은 완전히 반대예요. 친구들과 노는 건데 얼마나 신납니까, 30분이라도 더 밖에서 '우리끼리' 있고 싶죠. 그러니 조금이라도 더 늦게 집에 오려고 합니다. 다툼이 일어날 수밖에 없는 상황이죠?

청소년과 부모의 의견이 충돌하는 사항에 대해서는 사전에 함께 의논하여 규칙을 정하는 것이 좋습니다. 본의 아니게 약속을 지키지 못하는 경우에는 미리 연락을 드리고 양해를 구하는 등 서로의 상황을 정확하게 알리고 소통하도록 합니다. 그것이 신뢰를 쌓아가는 방법입니다.

예를 들어서 외출할 때는 부모님의 걱정을 덜어드리기 위해서 몇 가지 사항을 사전에 약속해보세요.

- 첫째, 함께 가는 친구의 연락처를 알려드립니다. 가끔씩 인증샷을 보내서 어디에 있는지 장소를 정확하게 공유합니다.
- 둘째, 스마트폰은 안전을 보장하는 연락처로 사용할 수 있도록 늘 켜둡니다. 집으로 출발할 때는 어디에서 언제 출발하는지 알려드리고 약속한 귀가 시간을 지킵니다. 서로 신뢰가 쌓여야 그다음 외출도 수월해지겠지요?
- 셋째, 밤늦은 시간이면 미리 전화를 드려서 마중을 나와달라고 부탁하세요.

"아빠 저예요"

"너 지금 몇 시냐? 엄마가 얼마나 걱정하는지 알아?"

"죄송해요. 아직 출발도 못 했어요."

"뭐라고? 무슨 일이야?"

"사정이 있었어요. 만나서 말씀드릴게요."

"지금 어딘데? 괜찮은 거야?"

"예. 근처 편의점이나 안전한데 들어가서 주소랑 인증샷 보낼게요. 마중 좀 나와주시면 좋겠어요."

"알았어. 아빠가 바로 출발할 테니까 주소 보내고 기다려."

"네, 고맙습니다. 아빠."

조금만 더 지켜봐주세요

부모의 마음은 도와주고 싶은 마음입니다. 자녀가 자랄수록 부모도 나이를 먹으며 다양한 경험을 쌓아가기에 부모와 자녀 사이의 간격은 거의 일정합니다. 양쪽 다 성장을 멈추지 않는다면요. 따라서 부모는 자녀들이 아무리 나이를 먹어도 언제나 어린 사람으로 느낍니다. 특히 청소년 자녀가 그래요. 여러분은 '이제 나도 다 컸어.'라고 생각하지만 부모님 눈에는 여전히 어린 아이로 보입니다. '덜렁거리고 치밀하지 못한' 나이라 중요한 일을 하기 전에 꼭 충고하고 길을 안내해야 한다고 여깁니다. 가족 행사에 참여하기 전이나 여행을 떠나기 전에 어른들의 잔소리가 늘어나는 것은 이런 이유 때문입니다.

> 엄마: "준비는 제대로 하고 있는 거냐?"
>
> 나: "제가 알아서 할게요."
>
> 엄마: "믿고는 있는데 걱정이 되네."
>
> 나: "제가 다 알아서 한다고요. 엄마는 좀 상관하지 마세요."

서로 걱정하고 도움을 주고 싶어서 관심을 표현하다가 도리어 충돌하는 경우입니다. 이럴 때 당사자는 보통 "상관하지 말라." "내가 알아서 할게."라고 말하는 경우가 많은데요, 부모님들은 그 말을 들을 때 매우 민감해지고 정말 섭섭하다고 합니다. 가족끼리는 서로 밀접하게 연결되어 있습니다. 서로 관심도 많아요. 상대방의 문제에 관여하고 돕고 싶어 하는 것은 당연한 일입니다. '상관'이란 간섭한다는 의미도 있지만, 관심이 많다는 의미로 사용되기도 합니다. 사랑하고 잘되기를 바라며, 도움을 주고 싶다는 뜻을 포함하니까요.

당사자는 신경 쓸 일도 많은데 어른들이 자꾸 끼어들어서 충고하고 조언하면 신경이 분산됩니다. 집중도 잘되지 않고요. 그래서 '잠깐 관심을 멈추고 지켜봐달라.'는 마음으로 상관하지 말라고 하는 것이지요. 그런데 상관하지 말라는 말은 관계를 멀어지게 하는 작용을 하기에 가급적 그런 말은 사용하지 않았으면 좋겠습니다. 대신 여러분의 속마음을 그대로 표현하려고 노력해보세요. "엄마, 조금만 더 기다려줘." 또는 "조금 더 지켜봐주세요." 하고 말이에요.

앞의 대화를 이렇게 바꿔보면 어떨까요?

> 엄마: "준비는 제대로 하고 있는 거냐?"
>
> 나: "제가 알아서 할게요."
>
> 엄마: "너를 믿고는 있지만 걱정이 되네."
>
> 나: "걱정해주셔서 고마워요. 저도 노력하고 있어요."

지금은 멈출 시간

나: "엄마 때문에 망했잖아요."

엄마: "네가 실수한 것을 왜 엄마 탓을 해?"

나: "아, 씨…."

엄마: "너 지금 뭐라고 했어?"

나: "엄마한테 그런 거 아니라고요."

엄마: "그럼 누구한테 욕하는 거냐?"

나: "아, 그냥 짜증 나잖아요."

우리 모두 한두 번 경험해본 상황이죠? 위의 대화에서 아이는 자신도 모르게 튀어나온 '씨….'라는 말 때문에 몹시 당황했어요. 엄마는 또 너무 놀라서 '엄마에게 욕을 한 거냐?'고 다그칩니다. 아이는 '그냥'이라고 얼버무렸지만 사실은 힘들었던 상황이 있었고, 대처를 잘하지 못한 자신에 대한 불만 때문에 스스로를 욕한 것입니다.

이럴 때는 계속 말하지 말고 누구든 먼저 "한 박자 쉬자."고 제안하는 게 좋습니다. 잠시 쉬어가면서 각자 생각할 시간을 갖는 거죠. 말을 멈추고 차분하게 생각해보면 문제상황이 보이고 해결법도 나올 것입니다. 서로 잘잘못을 따지며 대립하면 상황은 개선되지 않습니다. 그러니 둘 중 누구든 "잠시 생각할 시간 좀 갖자."라고 제안하는 것이 좋아요. 물론 참 쉽지 않은 일입니다.

하지만 긴장 관계가 지속되게 놔두면 결국 서로를 공격하고 다투게 되어 상처만 남게 됩니다. 이때 주의할 점이 있어요. 긴장 관계를 멈추기 위해서 잠깐 멈춤을 제안할 때 상대를 제압하는 방식으로 목소리를 높이면 안 된다는 것입니다. 최대한 감정을 배제하고 목소리를 낮추어 멈추자고 말해야 합니다. 그래야만 멈출 수 있어요.

부모가 자신과 자녀를 보호하는 대화법을 알고 있다면 앞장서서 "지금은 일단 멈추자."라고 말할 테죠. 그런데 부모님께서 그렇게 말할 여유가 없을 수도 있습니다. 여러분이 실수로 내뱉은 험한 말을 듣고 멘붕이 되었을 수도 있잖아요. 그럴 때는 자녀인 여러분이 먼저 용기를 내어보면 어떨까요?

"지금은 잠시 멈추면 좋겠어요. 저도 생각 좀 해볼게요."라고 말입니다. 대화 사례를 살펴보겠습니다.

나: "엄마 때문에 망했잖아요."

엄마: "네가 실수한 것을 왜 엄마 탓을 해?"

나: "아, 씨…."

엄마: "너 지금 뭐라고 했어?"

나: "엄마한테 그런 거 아니라고요."

엄마: "그럼 누구한테 욕하는 거냐?"

나: "아 그냥 짜증 나잖아요."

엄마: 그걸 말이라고 해?

엄마는 화가 나서 소리를 질렀고, 나도 화가 나고 상황은 엉망이 되어버렸어요. 딱 지금입니다. 멈추자고 제안해야 합니다. 일단 심호흡을 하고, 한 박자 멈추자고 먼저 제안하는 것입니다. 그리고 '나 전달법'으로 말합니다.

나: "엄마, 잠시 멈추면 좋겠어요."

엄마: "지금 뭐라는 거야?"

나: "갑자기 수행평가랑 많은 일들이 꼬여서 제 마음이 힘들어서요. 지금은 생각할 시간을 좀 갖고 싶어요."

잠시 멈추자는 말은 대화가 나쁜 방향으로 가는 것을 막아주고, 서로의 마음을 구해주는 귀한 처방입니다. 우리는 서로 사랑하는 사람들이며 계속해서 중요한 관계를 맺으며 살아갈 사람들입니다.

청소년들은 아직은 좀 더 보호와 돌봄이 필요한 시기입니다. 특히 부모와의 대화 상황에서 속마음을 다 이야기하려면 엄청난 용기가 필요하죠. 동시에 10대 청소년들은 어린이와는 다른 판단과 선택을 할 수 있는 시기입니다. 그동안 배운 대화법도 알고, 갈등을 조절하고 싶을 때 한 박자 쉬는 선택이 어떤 힘을 갖는지도 잘 이해하고 있지요. 그러니 부모나 다른 어른들과 대화하던 중 갈등 상황을 맞이했다면 먼저 용기를 내어 제안해보세요. 이런 대화는 어떨까요?

"잠시 멈추면 좋겠어요."

"뭐라는 거야?"

"잠깐만 시간을 가져요."

"뭐? 엄마한테 사과도 안 하고 피하는 거냐?"

"아녜요, 엄마. 지금은 생각할 시간을 좀 갖고 싶어요."

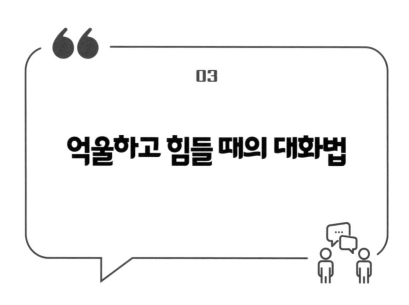

이래도 혼나고 저래도 혼나고

지난 주말에 A가 겪은 일입니다. 엄마 아빠가 공원에 산책하러 간다면서 같이 가자고 했어요. A는 집에서 쉬고 싶다고 말했습니다. 엄마 아빠는 산책에서 돌아오자마자 잔소리 폭탄을 던졌습니다. "너 또 게임 한 거야? 방은 귀신 나오게 해놓고. 밥은 먹었어? 그러니까 우리랑 산책하러 같이 나가서 운동이라도 했으면 오죽 좋아? 하루종일 빈둥빈둥 도대체 뭘 하는 거야?" 그러더니 "다음 주에는 너도 꼭 함께 가자."고 하셨습니다. A는 잔소리를 듣는 동안 이미 마음이 싹 식어서 또 거절했습니다. 덕분에 한 번 더 혼났고요. A는 도무지 갈피를 잡을 수 없었습니다. 부모님은 왜 저렇게 말하는 걸까요? 진짜로 함께 산책하러 가고 싶은 마음이 있기는 한 걸까요?

네, A의 부모님은 청소년 자녀랑 같이 여유 시간을 갖거나 산책하고 싶은 마음을 그런 식으로 말한 것입니다. 어른이지만 자기 마음을 솔직하게 표현하는 훈련이 잘 안되어서 그렇게 전달한 거죠. 폭풍 성장한 청소년 자녀와 함께 외출하는 것은 부모들에게는 매우 대견스럽고 보람 있는 일입니다. 어린 시절에는 밖에 나가면 챙길 게 더 많아서 산책하는 건지 아이 뒤를 따라다니는 건지 정신이 없었지만, 청소년쯤 되면 좀 다르잖아요? 함께 걸으면서 이야기도 나누고, 계절의 변화도 느끼고, 멋진 풍경을 배경으로 인증샷도 남길 수 있어요.

부모님의 마음이 어떤 것인지 마지막 부분의 대화로 살펴보겠습니다.

"다음 주에는 너도 꼭 함께 가자."

"…."

"엄마가 산에 가보니 가을이 왔더라. 단풍이 많이 들었어. 너랑 같이 가까운 공원이라도 가서 산책하면 좋겠는데."

"저랑 왜요? 아빠랑 많이 산책하세요."

"그러지 말고 엄마한테도 시간 좀 내줘."

"저도 바빠요."

"바쁘긴 뭐가 그리도 바쁘냐?"

이런 상황에서는 이렇게 대답하면 어떨까요?

> "산에 가보니 가을이 왔더라. 단풍이 많이 들었어. 언제 너랑 같이 가까운 공원에 가서 산책도 하고 싶은데."
>
> "아빠랑 많이 산책하세요."
>
> "그러지 말고 엄마한테도 시간 좀 내줘."
>
> "지금 저한테 데이트 신청하시는 거죠? 이번 주는 어렵고요, 다음 주에는 어떠세요?"

이렇게 약속을 잡으면 정성스럽게 달력에 표시도 하고 스마트폰에 공원으로 산책 날짜와 시간을 저장합니다. 엄마에게도 저장하시라고 말해주고요. 공원을 산책하는 동안 엄마가 "너는 산책하는 동안 이야기도 안 하고 음악만 듣고 핸드폰만 본다."고 꾸지람을 하시면 넌즈시 이렇게 대답해보세요.

"말하는 것만이 대화가 아니라, 함께 같은 풍경을 보는 것, 나무와 꽃을 보는 것, 가을을 느끼는 것, 함께 걷는 것 등이 모두 좋은 대화랍니다."라고요.

부모님이랑 함께 계절의 변화를 느끼고, 공원을 걸으며 함께 웃었던 추억은 청소년의 마음과 부모님의 마음에 멋진 사진으로 저장됩니다. 이렇게 좋은 시간을 담은 기억들은 세월이 흐른 뒤 비슷한 상황을 만날 때 정서적 평화와 안정감을 줍니다. 기억 속의 좋은 그림들이 살아가는 힘을 주는 것인데요, 이것이 앞에서 잠시 이야기한 회복탄력성입니다. 부모도 자녀도 각자 짊어진 짐들이 있지만 함께 아름다운 풍경을 보고 정답게 산책했던 경험은 남아 있는 나날 동안 어려움을 견디고 살아갈 힘을 줍니다. 그러면 되는 것이지요.

자녀가 부모에게 줄 수 있는 가장 좋은 선물은 어떤 성과나 능력으로 보답하는 게 아닙니다. 일상생활에서 함께했던 아름다운 시간입니다.

무기력은 힘들어

❶ 몸을 움직여봐요

"저는 잘하는 것이 없어요."

"잘하는 것이 없어도 괜찮아."

"…"

"아직은 자신이 잘하는 게 무엇인지 모를 수도 있고…"

"부모님께서는 제가 좋아하는 일이 있으면 뭐든지 밀어주시겠다고 하는데…"

"그래? 이제 ○○이는 좋아하는 일만 찾으면 되겠네."

"그런데 중요한 것은 제가 좋아하는 일이 없다는 거예요."

"…"

"…"

"우리 산책이나 좀 할까?"

"좋아요."

우리는 운동장을 한 바퀴 돌고 등나무 아래 의자에 앉았습니다. 마침 바람이 시원하게 불어왔습니다.

"기분이 어때?"

"많이 좋아졌어요."

"고마워."

"왜요?"

"사실은 나도 좀 지루하고 무기력했는데, 너랑 산책하면서 기분이 좋아졌거든."

"선생님도 무기력하고 힘들 때가 있어요?"

"물론이지."

"그럴 땐 어떻게 하세요?"

"일단 좀 쉬면서 뒹굴뒹굴하다가 무조건 밖으로 나가. 이렇게 산책하거나 음악을 들으며 운동도 하고."

무기력해지거나 스스로에게 실망할 때면, 자신을 '가치 없는 존재'라고 생각하기 쉽습니다. 누구든 마찬가지예요. 이럴 때 몸을 움직여보세요. 마음도 변화하는 걸 느낄 수 있습니다. 꼼짝도 하기 싫다고요? 점점 더 우울해질 텐데요? 그러니 우선 몸을 움직이세요. 밖으로 나가서 바람을 쐬고 조금이라도 걸어봅니다. 정 나가기 싫다면 샤워를 하면서 몸의 긴장을 풀어주세요. 창문을 활짝 열거나 책상과 의자의 위

어떡해야 하지?

치를 조금 바꿔보는 것도 좋아요. 방안의 가구 배치만 바꿔줘도 기분이 달라질 수 있습니다. 내 몸을 움직이게 하는 것은 다른 사람이 아닌 나 자신입니다.

❷ 걱정해줘서 고마워요

부모님은 청소년 자녀가 무기력해 보이면 걱정부터 합니다. 어디 아픈 것은 아닌지, 학교에서 무슨 일이 있었는지 자꾸 상상하게 되지요. 그러나 이 시기의 여러분은 부모님이 묻는 말에 대답을 잘 안 하잖아요. 뭐든 "그냥!"이라고 하고요.

사실 무기력할 때는 멍 때리면서 쉬는 시간이 필요합니다. 그런데 어른들이 자꾸 대답을 요구하면서 질문하고, 뭐라 대꾸하지 않으면 생각이 없다고 또 혼납니다. 결국 악순환이 반복되는데요. 무기력한 현상은 오랫동안 누적된 결과입니다. 육체적으로나 정신적으로 에너지가 많이 떨어지고 기력이 소진했다는 신호죠. 이럴 때는 일정 기간 쉬면서 충전하는 시간을 가져야 해요. 그런데 부모님께서는 걱정이 되니까 자꾸 원인을 물어봅니다. 이것은 혼내려는 마음이 아니라 도움을 주고 싶은 마음입니다. 그럴 때는 화를 내며 다투기보다는 좀 쉬면서 천천히 생각해보는 시간을 갖겠다고 말로 표현해야 합니다.

이때 주의할 점이 있습니다. 의욕이 없고 입맛이 없다고 해서 음식을 먹지 않는 시간이 길어지면, 무기력 현상을 극복하기가 더욱 어렵고 오래갈 수 있습니다. 이럴 때는 오히려 평소보다 신선하고 맛있는 음식을 먹으면서 영양분을 공급해주어야 몸과 마음을 회복할 힘을 얻을 수 있습니다.

먼저 걱정하는 부모의 마음이 나타나는 대화를 살펴보겠습니다.

"무슨 일이 있냐?"

"…."

"도대체 왜 그러냐?"

"…."

"제발 정신 좀 차려라. 엄마도 힘들다."

> "절 좀 내버려두세요."
>
> "걱정이 되니까 그래. 그리고, 먹고 싶은 거 있으면 말해줘."
>
> "걱정하지 마세요."

이런 상황에서는 다음과 같이 대답하면 어떨까요?

> "무슨 일이 있냐?"
>
> "…"
>
> "도대체 왜 그러냐?"
>
> "저도 잘 모르겠어요."
>
> "제발 정신 좀 차려라."
>
> "쉬면서 생각 좀 해볼게요."
>
> "걱정이 되니까 그렇지. 그리고, 먹고 싶은 것 있으면 말해줘."
>
> "걱정해줘서 고마워요."

　말은 생각과 상황을 전달할 뿐 아니라 말하는 동안 새로운 생각과 감정을 일으켜주고 깨닫게 해줍니다. 무슨 뜻이냐고요? 위의 대화 예시를 보면 마지막에 "걱정해줘서 고마워요."라고 말하는 장면이 나오는데요, 신기한 것은 이 말을 하고 나면 마음이 울컥해진다는 점입니다. 내 안에서 내 목소리를 듣고 거울신경세포들이 반응하기 때문입니다. 앞에서 살펴보았듯이 이런 반응을 거울 반응이라고 하죠. 거울 반응을 일으키는 거울신경세포들은 다른 사람이 자신의 감정에 공감해주었을 때 활발하게 반응하고 성장합니다. 그리고, 내가 다른 사람의 마음에 공감하고 이를 표현할 때도 활발하게 움직입니다. 그동안 엄마가 나를 사랑하고 걱정하던 모습과 함께 정답게 지냈던 장면들이 떠오르면서 울컥하는 감정이 올라오는 것이지요. 이런 과정을 통해서 걱정해주는 부모님을 고맙게 생각하는 마음을 갖게 되고, 부모의 말을 잔소리가 아니라 배려의 말로 받아들이는 것입니다.

내 인생의 주인은 나 자신이다

❶ 제 이야기도 들어주세요

청소년들은 어떤 일에 대해 논의하고 결정할 때 직접 참여하고 싶어합니다. 본인이 배제되는 것을 원하지 않죠.

부모님들과 청소년의 특징에 관해 이야기를 나눌 때, 사춘기는 '생각의 봄이 피어나는 시기'라고 사춘기의 의미를 해석해드리면 놀라워하며 관심을 갖습니다. 저는 우선 "겨울이 가고 봄이 오면 새싹이 돋아나는 것처럼 수많은 생각들이 피어나고 이런 것들이 서로 연결되고 굵어지면서 사고력을 키우게 되는 정신적인 성장기입니다."라고 말한 다음 "중요한 것은 피어나는 생각들의 90퍼센트가 '내 인생의 주인은 나'이기 때문에 청소년들의 의견을 듣는 것이 매우 중요합니다."라고 강조합니다.

그렇지요. 주인은 누군가에게 명령을 받기보다 의견을 물어주기를 바라고, 자신과 관련된 문제라면 누군가가 마음대로 결정해서 통보하는 게 아니라 함께 의논하여 결정하기를 바랍니다. 부모님께서 생각하시기에 그다지 큰일도 아니고, 또 청소년 자녀를 생각해서 결정했다고 해도 당사자에게는 그다지 즐거운 일이 아닐 수 있습니다. 결과가 청소년에게 도움이 되는 쪽으로 나왔다고 해도 자신의 성과가 아니라 부모님의 성과라고 생각할 수도 있습니다.

예를 들어 가족여행이나 친구 문제, 학원을 결정하는 문제 등에 대해서 부모님과 크고 작은 다툼들이 일어나곤 합니다. "그건 엄마 생각이잖아요." "엄마 마음대로 결정해놓고 어쩌라고요." 하면서 불평하기도 해요. 더 심한 경우에는 "왜요?" "싫은데요?" "하고 싶으면 엄마가 하세요."라고 반항합니다.

청소년들이 '내 인생의 주인은 나'라고 생각하는 것은 바람직한 현상입니다. 이런 연습이 되어야 성인이 되어서도 독립적인 인생을 살아갈 수 있습니다. 그렇지만, 아직은 부모님의 보호를 받아야 하는 상황니까 부모님과 대화를 통해서 자신의 의견을 표현하는 연습이 필요합니다. 부모님의 의견을 들어보고 내 생각을 말하는 논의의 시간을 갖기 위해 적극적으로 제안하는 말들을 살펴보겠습니다.

"제 이야기도 좀 들어주세요."

"그 문제에 대해서는 제 의견도 물어봐주세요."

"저랑 의논해서 결정하면 좋겠어요."

"한 번 더 생각해보고 말씀드릴게요."

"조금 생각해볼게요. 내일 다시 이야기하면 좋겠어요."

이렇게 다양한 표현으로 시간을 마련하여 충분히 대화하고 나면, 서로의 마음을 더 잘 이해할 수 있습니다. 서로 의견 차이를 좁히게 되고 기다려주고 믿어주는 관계를 만들어갈 수 있습니다.

❷ 게임이 나쁜 것만은 아니에요

청소년과 부모 사이에 의견 차이가 심한 대표적인 이슈는 '게임'을 둘러싼 문제입니다. 게임 문제로 대화가 안 되고, 부모와 청소년의 사이가 나빠지는 가정이 의외로 많더군요. 부모님은 청소년기에 게임을 즐기던 세대가 아닙니다. 밖에 나가서 친구들과 운동하거나 집 안에서 음악을 듣고 영화를 보며 여가를 보냈지요. 게임문화를 낯설게 여길 수밖에 없습니다. 게임 하면 무턱대고 '시간 낭비'라고 생각하는 경향이 강하고요.

부모님이나 어른들이 이해를 잘 못하며 걱정할 때 "걱정하지 마시라." "그다지 폭력적이고 위험한 것은 없다."라고 간단하게만 설명하지 말고, 조금 더 구체적으로 알려드리면 어떨까요? 게임의 전반적인 내용은 무엇인지, 주인공은 어떤 캐릭터인지, 어떻게 진행되는지, 어떤 규칙들이 있고 어떤 보상과 벌점이 있는지, 어떤 점이 나에게 그렇게 재미있는지 등등 내용을 이야기해드리면 부모님의 이해 수준도 높아지겠지요.

부모님은 청소년들이 즐기는 게임의 내용이 폭력적일까 봐 걱정합니다. 알게 모르게 나쁜 게임의 영향을 받아 자녀가 폭력에 무감각하게 되고 행여 난폭하게 될까 봐 걱정하는 거죠. 혹시나 성적으로 수위가 높은 장면이 나와 성에 대한 인식이 왜곡될까 봐 염려하는 것이고요.

이런 여러 사정이 있으니 '걱정하지 마시라.'는 말만 해서는 부모님의 걱정이 줄어들 수 없겠죠? 여러분은 게임을 하면서 휴식도 하고, 친구들과 경기도 하고, 새로운 세상을 상상합니다. 새로 나온 게임 캐릭터 이야기를 하고, 집에 있는 컴퓨터가 구식이라서 게임을 못 따라간다는 등 게임 관련 대화를 주로 할 겁니다. 아마 이 책을 읽고 있는 여러분 가운데도 "오늘부터 당장 게임 끊어라!"고 하면 반발할 사람이 많을 거예요.

게임 문제로 부모님과 충돌하지 마세요. 여러분이 즐기는 게임에 대하여 자세하고 친절하게 설명해주세요. 중간에 부모님이 못 알아들으면 무시하지 말고 다시 이야기해드리세요. 때로 "같이 해볼래요?"라고 게임 규칙을 설명해주고 함께 게임을 해봐도 좋습니다. 부모님들은 청소년 자녀가 말없이 오랜 시간 동안 게임만 하고 있으면 걱정하지만, 자녀의 설명을 듣고 나면 생각이 달라질 겁니다. '나름대로 생각이 있구나.' '내용을 설명할 줄 아는구나.' '어른을 설득하려고 노력하는구나.'

게임에 빠진 아이, 화내는 엄마

'많이 자랐네.'라고 말이에요.

저만 해도 우리 아이들이 게임을 하면 시간을 정해놓고 어서 끝나기만 기다리는 편이었습니다. 아이들이 게임을 하는 동안 밖으로 들리는 소리는 폭발하는 소리, 사람들의 비명 소리, 기계들이 충돌하는 소리들이었습니다. 그런 소리들을 들으면서 온갖 나쁜 장면들이 상상되어 불안한 마음에 아이 방문을 노크했어요.

> "게임 소리 좀 줄여주렴."
>
> "아~ 왜요?"
>
> "너무 폭력적인 거 같아."

아이는 어이없다는 표정을 짓더니, 게임을 멈추고 들어오라고 손짓했습니다. 아이는 자기가 하던 게임의 내용과 주인공들에 대해서 설명해주고 화면도 보여주었습니다. 당시 청소년들에게 인기있었던 '젤다의 전설-황혼의 공주'였습니다(2024년에는 '지혜의 투영'이 새로 나왔습니다). 아이의 설명을 듣고 나서, 불안감이 줄어들었고 관심이 생겼습니다. 그 후, 아이가 좋아하던 젤다의 전설과 스타크래프트를 검색하여 살펴보게 되었습니다.

아이의 설명을 계기로 저는 게임이라면 무조건 싫어하던 선입견에서 벗어났고, 게임을 탐구하는 방식으로 변화되었습니다. 학교에서도 중학생들과 게임에 관해 이야기를 나눌 수 있게 되었어요. 젤다의 전설 25주년 기념 오케스트라 연주곡은 제가 좋아하는 음악이 되었고요. 설명해주던 아이는 성인이 되었지만, 그때 어이없어하던 아이의 표정과 설명해주던 아이의 모습은 저에게 고마운 추억으로 남아 있습니다.

부모님은 나와 전혀 다른 사람

인간관계 중 부모와 자녀 사이는 서로를 가장 사랑하는 사이입니다. 그렇게나 사랑하는데, 왜 부모와 자녀들은 서로 섭섭해하고 툭 하면 서로에게 화를 내는 것일까요? 과학자들은 그 이유를 뇌의 특성을 바탕으로 설명합니다.

우리의 뇌는 나 자신과 가까운 사람일수록 그에 대한 정보를 '내가 나를 인지하는 뇌의 영역과 가까운 곳'에 저장한다고 해요. 얼마나 가까운지 상대방을 나라고 착각하여 각자 서로를 자기 방식대로 통제하려고 한대요. 사실은 전혀 다른 사람인데, 이게 가능할까요? 아니오, 통제 불능인데요. 그럴 때면 상대방은 너 나 할 것 없이 "어떻게 그럴 수 있어!"라고 생각하면서 섭섭해한다고 합니다.

청소년과 부모님의 관계도 비슷해요. 여러분도 부모님이 내 요구를 들어줄 생각은 하지 않은 채 기대와 전혀 다른 반응을 보이면 '왜 내 마음을 몰라주지?'라고 섭섭해하잖아요? 화를 내기도 하고요. 이럴 때 '부모라 해도 나와는 전혀 다른 생각을 할 수 있지.' 또는 '그럴 수 있어.' '내 마음을 모를 수 있지.'라고 아량을 가지고 받아들이면 어때요? 부모라는 역할에 가두지 말고 한 인간으로 인정하고 존중하면서요. 부모님께서 나를 자신과 동일시해서 섭섭해하거나 화를 낼 때는 '나를 너무 사랑해서 자신과 동일시할 수 있다.'는 사실을 기억해주세요.

영화 〈집으로〉에서 할머니는 손자 상우가 닭을 먹고 싶다고 하니까 닭을 사 와서 자신의 방식대로 백숙을 만들어주었지요. 상우는 자신이 생각하던 프라이드 치킨이 아니어서 먹지 않고 화를 내고 떼를 씁니다. 할머니는 안타깝지만 묵묵히 기다리지요.

부모와 자녀 사이도 30년 정도 차이가 납니다. 그래서 부모들은 자신이 중요하게 생각했던 점들을 자녀에게 은연중에 권하거나 강조할 수 있습니다. 그런 경우에는 화를 내거나 원망하기보다 "저는 부모님이랑 전혀 다른 사람입니다."라고 말할 수 있으면 좋겠습니다.

부모와 자녀의 갈등 관계는 청소년이 자라서 성인이 되고 독립하면 많은 부분이 해소됩니다. 자녀가 자기 생활비를 스스로 해결하는 경제 활동을 할 수 있고, 부모에게서 독립하여 살면 부모와 자녀의 관계도 많이 달라집니다. 외출과 귀가 시간에 얽매이지 않고 자유롭게 시간을 보낼 수 있고, 가고 싶은 곳에 여러 날 여행을 갈 수도 있습니다. 자신의 생활비를 벌어서 생활하면 떳떳하고 가끔 부모님께 선물을 드리거나 식사를 대접할 수도 있지요. 부모님의 간섭이 줄어들고, 좋은 사람을 만나서 독립적인 가정도 꾸릴 수 있습니다.

부모와 자녀와의 관계는 자녀의 성장 과정에 따라서 의존적인 관계에서 자립적인 관계로, 서로를 대등하게 존중하는 관계로 변화합니다.

청소년들이 성장하여 성인이 되는 것은 중요한 발달과제입니다. 우리 사회에서 성인으로 인정받을 수 있는 시기는 만 18세부터입니다. 고등학교까지는 무상교육을 받을 수 있는데요, 만 18세는 투표권도 가질 수 있고, 운전면허증을 발급받을 수 있고, 취업도 하고 결혼도 할 수 있습니다. 한마디로 독립이 가능한 나이죠. 그러나 적어도 이 시기까지는 부모님의 지원이나 사회적인 지원을 받으며 안전하게 성장해야 합니다. 그다음에는요? 그때 가서 다시 생각하는 것입니다.

04

부모님이
비교하는 말을 할 때

나는 멋져요

사람들은 모두 다른 특징을 가지고 있어요. 한 가지 기준으로 평가하고 비교할 수 없습니다. 그런데 다음과 같은 상황이라면 어떤 말을 할 수 있을까요?

엄마랑 친한 분이 집에 오셔서 인사를 했습니다.
"안녕하세요."
"이게 누구야? ○○이? 많이 컸네."
"고맙습니다."

여기까지는 좋았습니다. 그런데 갑자기 비교를 시작합니다.

"우리 ◇◇이는 잘 먹긴 하는데, 키가 작아서 걱정이야."

"키만 크면 뭐해. ◇◇이는 지난 시험에서 성적이 또 올랐다면서?"

"헉!"

열 받아서 얼른 방으로 들어왔습니다. 방문을 닫는 소리가 너무 커서 스스로 놀라면서요.

이런 말을 들으면 열 받지요?

비교하는 말을 들으면 누구나 언제라도 화가 나고 섭섭할 수 있습니다. 어른들도 마찬가지예요. 그런데 왜 어른들은 만나기만 하면 비교할까요? 키, 몸무게, 성적, 먹는 것, 개인의 취향까지도. 어른들이 은근히 사람을 비교하거나 평가하는 말을 할 때, 기분이 나빠져서 표정이나 눈빛으로 불만을 나타낼 수도 있는데요. 그렇게 섭섭한 마음이 들 때는 담아두지 말고 용기를 내어 이렇게 말해봅시다.

"엄마가 그렇게 말해서 섭섭했어요."

"사람마다 모두 다른 특징이 있으니 비교하지 말아주세요."

"비교해서 말하니 기분이 안 좋았어요. 저는 엄마 친구 아들이랑은 달라요.

"저는 저대로 재미있게 살 겁니다."

이런 말을 들으면 부모님은 당황하실 수도 있습니다. 용기를 내서 말했건만 부모님으로부터 "뭐라는 거야? 말은 잘해요."라고 비아냥을 듣거나 야단맞을지도 모르죠. 말대꾸한다고 훈계를 들을 수도 있고요. 하지만 부모님은 속으로 뜨끔해하면서 든든한 마음을 갖게 될 수도 있습니다. '많이 컸구나.' '이젠 속마음을 표현할 줄도 아네.' '제법이네, 자기 앞가림은 하겠구나.'라고 말입니다.

청소년들이 부모와 대화할 때 이렇듯 용기를 내서 진심을 말하면 부모님께서는 마음을 잘 이해해주시고 격려하는 말로 화답해주셔야 합니다. 비꼬는 말투나 은근히 무시하는 말투, 자존감을 깎아내리는 말투는 절대 금지입니다.

부모님께서 보내주시는 반응도 중요하지만, 정말 중요한 것은 용기를 내서 자신의 마음을 표현하는 일입니다. 자기 생각을 말로 표현할 때, 그 말을 가장 먼저 듣는 사람은 바로 나 자신입니다. 말하면서 내가 어떤 생각을 하고 있는지, 어떤 기분인지, 어떤 상태에 있는지 스스로 알아채게 됩니다. 머릿속으로만 맴돌던 생각들이 나의 성대를 통해 소리가 되어 나오는 순간 나는 비로소 내 마음을 확인하게 되는 거죠.

어떤 상황에 처하든 자신의 마음을 확인하는 일은 삶을 의미 있고 소신 있게 살아가게 해주는 원동력이 됩니다. 자기 생각을 말로 표현하는 과정에서 미처 인식하지 못했던 사실을 발견할 수 있고, 일상생활에서 자기 의견을 표현하는 과정을 통해 보다 존재감 있는 사람으로 성장할 수 있으니까요.

저랑 데이트 좀 할까요?

지금 청소년들이 살고 있는 시기와 부모님께서 청소년이었던 시기는 약 30여 년 차이가 납니다. 시대가 다르니 각자의 경험도 다르죠. 즐겨 먹었던 음식도 다르고, 옷차림도 다르고, 즐겨들었던 노래나 재미나게 보았던 만화도 다릅니다. 얼마나 차이가 큰지 어떤 어른들은 요즘 청소년들을 외계인 같다고 표현합니다. 그만큼 이해하기 어렵다는 뜻이겠지요?

그런데 가만히 보면 여러분의 부모님이 청소년 시기에 경험했던 부모 자녀와의 관계가 지금의 부모 자녀 관계와 다르다는 걸 알 수 있습니다. 부모님들이 "엄마 아빠 때는…."이라고 운을 떼거나 "우리 자랄 때는…."이라는 말로 시작하는 이야기들 대부분이 그런 내용인데요. 부모님들은 가끔 자신의 성장 과정을 떠올리면서 현재 청소년 자녀의 문제점을 지적하곤 합니다. 부모님께서 청소년 시기의 어려움을 견뎠던 이야기나 고생했던 이야기를 꺼내면서 은근슬쩍 비교하곤 합니다. 그런 경우에는 시시비비를 가리려 들거나 감정적으로 대응하지 말고 '청소년이었던 부모님'의 마음에 공감하고 또 그때 그 마음을 위로해드리면 좋겠습니다.

> "아빠 어렸을 적에는 할아버지한테 한 번도 말대꾸해본 적 없어."
> "제 의견을 말하는 건데 안 되나요?"

"당근 말해도 되지, 조금만 친절하게 말해다오."

"아빠 어렸을 적에 할아버지랑은 어땠어요? 지금은 사이가 좋아 보이는데요?"

"말도 마라. 성적 떨어지면 엄청나게 혼났어. 매를 맞은 적도 있어."

"힘들었겠네요."

"가출할 결심을 한 적도 있었지."

"잘 참아내셨네요."

이처럼 부모님께서 청소년 시절에 어려웠던 일을 말해주시면 '그래서 어쩌라고요.' 또는 '나한테 지금 말대꾸하지 말라는 거야?' 이렇게 생각하지 말고 청소년 시절의 부모님을 응원해드리세요. "고생하셨네요." "잘 참아내셨네요." "힘들었겠네요."라고 말입니다.

이런 대화는 부모님과 청소년 모두에게 유익합니다. 부모님께서 청소년 시절을 회상하면서 지금의 청소년 자녀와 가까워질 수 있는 계기가 되기 때문입니다.

부모님께서 내가 있는 데서 다른 사람을 칭찬하거나 형제자매를 칭찬하는 것도 별로 기분 좋은 일은 아닙니다. '뭐야, 나 들으라는 거야?'라는 생각도 하게 되고, 은근히 비교당하는 기분이 들어서 언짢습니다. 자꾸 비교하지 말라고 한마디하고 싶지만, 그러면 또 속 좁다고 비난받을 수도 있으니 그냥 참습니다. 이런 일이 두세 번 쌓이면 부모님에 대한 불만이 터질 수도 있는데요. 그럴 때 여러 식구가 있는 자리에서 불평을 터뜨리지 말고 "엄마, 이번 주말에 저랑 데이트할까요?" 하면서 조금 더 공식적이고 객관적인 대화를 가져보길 권합니다. 공원을 산책하면서 이야기해도 좋고, 동네 찻집에서 차 한잔 마시면서 이야기를 나누는 것도 좋아요.

"엄마가 ◇◇이랑 비교해서 많이 섭섭했어요."

"저에게 요청할 점이 있으면 직접 말씀해주세요."

"◇◇이랑 비교하지 말아주세요. 저도 나름대로 노력하고 있답니다."

"저는 요즘 게임의 스토리에 관심이 많아요. 게임도 우리가 알고 있는 전설이나 역사적 사실에 상상력을 보태는 것이 더 재미있는 것 같아요. 제가 요즘 그런 분야에 관심이 많아서 그 분야 정보를 파면서 연구하는 중이에요. 하지만 엄마한테는 공부 안 하고 게임만 좋아하는 걸로 보일 수 있겠네요."

이렇게 솔직하게 말하면 부모님의 마음도 든든합니다. 모르는 사이 많이 컸다고 생각하실 테고요. 불만을 품은 채 상황을 회피하지 않고 이렇게 표현하는 과정을 통해서 자신의 마음도 단단해집니다. 앞서 말씀드린 것처럼 말은 생각을 전달하기도 하지만, 말을 하면서 새로운 생각을 떠올리게 되고 사고하는 힘도 얻게 되니까요.

부모와 자녀는 가장 가까운 가족으로 삶을 유지하는 기본적인 가족 관계입니다. 가족관계에서 솔직하고 친절하게 대화하는 훈련이 되어야 친구와의 사이에서도 대화를 통해 바람직한 관계를 맺을 수 있습니다. 더 나아가서 성인이 되어 사회생활을 할 때도 대화를 통해서 문제를 해결할 수 있게 됩니다.

모든 꽃이 아름답다

세상의 모든 꽃은 각자의 향기가 있고 아름답습니다. 계절마다 피는 꽃들을 보면, 꽃송이가 크고 색이 짙은 꽃도 있지만, 작고 색이 옅은 꽃들도 많습니다. 그렇다고 큰 꽃보다 작은 꽃이, 색이 진한 꽃보다 색이 연한 꽃이 덜 아름답다고 할 수 없습니다. 모두 저마다의 아름다움이 다릅니다. 어떤 꽃은 봄에 피지만, 어떤 꽃은 가을에 핍니다. 아카시아의 꽃처럼 봄에 피는 것도 있고 동백처럼 겨울에 피는 꽃도 있습니다. 꽃들은 어느 계절에 피어나든지 나름대로의 빛깔과 모양으로 아름답습니다.

계절에 따라서 지역별로 마라톤대회가 열립니다. 마라톤에는 관심이 없었던 내가 친구를 응원하러 지역의 마라톤대회에 간 적이 있었습니다. 10킬로미터를 뛰는 대회였는데요. 나는 친구가 우승권에 들기를 바라며 응원하고 결승점에서 기다렸습니다. 친구는 등수와 상관없이 달렸고 활짝 웃으며 기뻐했습니다. 완주했다는 것 자체에 만족했습니다. 친구보다 늦게 도착한 주자들도 모두 즐겁게 결승선에 들어왔습니다. 나중에 친구에

마라톤은 완주하는 데 의미가 있습니다.

게 물어보니 일정 거리의 마라톤 대회에 참가하는 사람들은 완주가 목표라고 했습니다. 그리고 완주한 사람들은 속도와 순위와 상관없이 스스로가 대견하고 기쁘다는 것입니다. 저는 그제야 모든 사람이 활짝 웃으며 기뻐했던 이유를 진심으로 이해했어요. 친구가 대견해서 다시 한번 축하해주었습니다.

사람이 태어나서 살아가는 것도 이와 같겠지요. 완주 자체가 멋진 일인 것처럼 우리에겐 태어나서 살아가는 것 자체가 기쁘고 축하할 일입니다. 우리는 모두 소중한 존재니까요.

물론 살아가는 모습은 다릅니다. 어린 시절부터 재능을 꽃피우는 사람도 있고, 나이가 많이 먹고 난 후에 재능을 꽃피우는 사람도 있습니다. 꽃을 피우지 않고 푸르른 숲속에서, 혹은 강가에서 바다에서 살아가는 나무나 바위처럼, 흙이나 물처럼, 자신의 역할을 묵묵히 감당하면서 세상의 한 부분으로 살아가는 사람도 많습니다.[1] 모두가 소중하고 아름답습니다. 어느 하나 버릴 게 없어요. 수많은 빛깔과 다양한 향기로 세상을 가득 채우며 살아가는 것, 이미 그 자체로 특별하고 소중하니까요.

---

1   박미자 지음, 『중학생 기적을 부르는 나이』(개정판), 들녘(2023), pp.174~175.

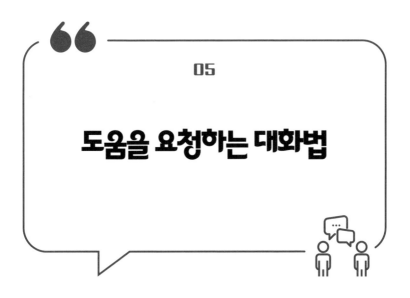

05

도움을 요청하는 대화법

혼자 해결하려고 하지 마라

몸이 아파서 병원에 가면 의사가 "어디 아프세요?" "어떻게 아프지요?"라고 질문합니다. 이 질문에 답을 해야 진단과 치료가 시작됩니다. "어젯밤부터 열이 나요." "목이 간질간질해요." "두통이 심해요."처럼 말이에요. 이렇게 이야기하면 의사는 추가 질문을 더 하고, 소견을 말해주고, 약물이나 주사를 처방합니다. 그러고는 주의할 점이나 다음번에 언제 올지 말해주고 잘 회복할 거라고 응원해줍니다.

자녀가 힘들어 보일 때, 부모님은 대개 "무슨 일이 있냐?" "엄마(아빠)가 좀 도와줄까?"라고 질문합니다. 이때 여러분이 질문에 정확하게 대답하는 것은 아주 중요한 일입니다. 의사를 찾은 환자가 대답하는 것처럼요. 그래야만 부모님께서 상황을 파악하고 문제를 해결하는 데 도움을 주거나 격려해주실 수 있습니다.

혼자 힘으로 해결하기 어려운 문제와 씨름하고 있을 때, 부모님께서 "좀 도와줄까?"라고 물으면 어떻게 답변하나요? "됐어요. 제가 알아서 할게요."라고 대답하지 않나요? 저는 여러분이 "도와주세요." 하면서 적극적으로 도움을 요청했으면 좋겠습니다.

선생님은 초등학교 6학년 때 배구선수였어요. 우리 담임선생님께서 배구팀 지도교사였고요. 저는 배구선수로 선발되었고, 열심히 해서 주장을 맡았습니다. 면 단위 학교 대회에서 우승하고, 군 단위 대회에서도 우승했습니다. 우리 학교는 갑자기 배구부 우수학교가 되었고, 도 단위 대회를 준비하느라 일요일에도 연습을 계속했습니다. 저는 점점 걱정되었습니다. '이렇게까지 배구를 하고 싶지는 않다.'는 생각이 들었고, 내 자신이 '선수가 되고 싶어 하지 않는다.'는 것도 깨닫게 된 것입니다. 그러다 보니 연습하던 중에 생각에 빠져들다가 실수하는 일이 잦아졌어요. 선생님께 혼도 많이 났지요. 혼자서 끙끙거리다가 결국 아버지께 도움을 요청했습니다.

> "아빠, 저 좀 도와주세요."
>
> "무슨 일이냐?"
>
> "배구부 안 하고 싶어요."

"그래? 재미있게 하는 줄 알았는데 뜻밖이네."
(평소에 부모와 자녀 사이에 대화가 별로 없으면 상황을 잘 알지 못할 수 있습니다.)

"처음에는 재미있었는데, 지금은 부담이 되고 안 하고 싶어요."

"선생님께는 말씀드렸어?"
(이런 말은 선생님과 의논해야 된다는 전제로 느껴질 수도 있습니다.)

"시합을 앞두고 있어서 말씀 못 드렸어요."

"그렇지, 시합이 얼마 안 남았지. 시합 끝나고 그만두면 어떠냐?"

"저 좀 도와주세요, 아빠. 심장이 터져서 죽을 것 같아요."
(자신의 상황을 분명하게 밝혀야 상대방의 적극적인 도움을 받을 수 있습니다.)

"저런, 우리 딸이 죽으면 안 되지. 방법을 찾아보자."

다음 날 아빠는 학교에 오셨고, 며칠 뒤에 저는 배구부를 그만두었어요. 물론 배구선수를 한 명 다시 뽑았지요. 지금도 그때 생각을 하면 아빠에게 솔직하게 도움을 요청하기를 참 잘했다는 생각이 듭니다.

각자가 처한 어려움은 모두 심각하고 다양하지만, 도움을 요청하는 것은 부끄러운 일이 아니에요. 문제를 잘 해결하기 위해서 협력을 요청하는 것이잖아요. 그런데 우리 문화는 자기 일은 자기가 알아서 해야 한다는 것을 강조하는 분위기입니다. 대개 도움을 요청하는 것을 힘들어하고 혼자서 해결하려고 애쓰지요. 어떤 학생은 도움을 요청하는 게 마치 항복하는 것 같다고 말하더군요. 아닙니다. 도움을 요청하는 것은 자존심이 상하는 일이 아니에요. 하물며 누군가에게 굴복하는 일은 절대 아닙니다.

문제는 해결하면 됩니다. 특히 어려운 문제가 생겼을 때는 잘 해결해야 해요. 나쁜 상황에서 괴로움을 당하는 경우, 혼자서 해결하지 못했다고 부끄러워할 필요가 없습니다. 소중한 자신을 보호하면서 문제를 잘 해결하는 것이 더 중요합니다. 따라서 이런 경우에는 부모님 혹은 자신을 보호해줄 수 있는 어른들과 상황을 공유하고 그분들의 도움을 받으세요. 스스로 해결해야 할 문제라고 생각하면 상황이라도 공유하면서 "여기까지 도와주시면 여기부터는 제가 한번 해볼게요."라는 식으로 도움의 한계를 정하는 것도 좋습니다.

부모님은 자녀가 청소년기를 지나는 동안 다양한 어려움에 처할 수 있다는 것을 이미 알고 있습니다. 그러니 자녀들의 의견을 들어보고, 자신의 경험도 나누면서 돕고 싶은 마음이 간절하지요. 여러분이 솔직하게 도움을 요청하면 부모님께서는 기꺼이 손을 내밀면서 어려움을 겪었던 본인의 이야기도 공유해주실 겁니다. 이 과정을 통해 서로 공감하고 격려하며 신뢰하는 부모와 자녀 관계가 형성됩니다.

상황을 공유하기

청소년들은 본인의 외롭고 약한 모습을 보이기 싫어합니다. 혼자 있는 모습도 보이고 싶어 하지 않고요. 등교할 때도, 학교에서 수업을 마치고 집에 갈 때도, 심지어는 쉬는 시간에 화장실에 갈 때조차 친구와 함께합니다. 그래서일까요? 외로움을 느낄 때도 외롭다고 말하지 않습니다. 때로는 다른 친구들이 도와주겠다고 하기도 전에 "나는 도움이 필요 없어. 내가 연락하면 금방 달려올 친구들이 많다."라고 말하며 허세를 부리기도 합니다.

여러분, 그거 아세요? 허세를 부리는 사람들이 실은 외로운 사람이라는 것 말입니다. 허세는 친구가 없거나, 친구가 있다고 해도 속마음을 나눌 만큼 친한 이가 없어서 외로울 때 드러나는 일종의 신호입니다. 엄마와 아빠가 바빠서 집에 늦게 들어오는 날이 많아지면, 이 넓은 세상에서 마음을 의지할 사람이 한 명도 없다는 생각이 듭니다. 그런데 이런 마음을 남에게 들키면 창피하다고 여겨서 상대방에게 쿨한 척 허세를 부리는 거죠.

> "힘든 일 있냐?"
>
> "없어요."
>
> "무슨 일 있는 것 같은데?"
>
> "아무 일 없다고요."
>
> "왜 화를 내냐? 엄마는 도움이 되고 싶어서 그래."
>
> "어쩌라고요."
>
> "???"

이런 상황에서 "어쩌라고요!"라는 표현은 부모님에게는 반항으로 여겨질 것입니다. 그러나 청소년 당사자는 자신이 없고 부족해서 도움을 받고 싶다는 SOS 신호를 날리는 중입니다. 다만 솔직하게 요청할 용기가 없어서 마음을 에둘러 표현하는 것이지요. 이때 기억할 점이 있어요. 부족한 것은 부끄러운 일이 아닙니다. 뭔가 내 힘만으로는 충분하지 않다고 생각된다면 무리하게 혼자서 해결하려 들지 말고 그 상황을 부모님과 공유하세요. 함께 해결 방법을 찾아보세요. 청소년 시기는 부모님이나 가까운 어른들의 도움을 받으며 성장하고, 그러면서 더 많이 배우는 시기입니다. "어쩌라고요?"라고 허세를 부리기보다는 솔직하게 상황을 공유하고 도움을 요청하세요.

대화를 이렇게 바꿔보면 어떨까요?

"힘든 일 있냐?"

"…."

"무슨 일 있는 것 같은데?"

"어떻게 해야 할지 잘 모르겠어요."

"엄마가 도와주고 싶은데 상황을 좀 말해줄 수 있을까?"

"예, 들어보시고 좀 도와주시면 좋겠어요."

부모님이나 보호자와 상황을 공유하면 혼자 고민할 때보다 마음도 가벼워지고 문제를 해결할 방법도 충분히 찾을 수 있을 것입니다.

활동성 UP 사고력 UP

부모님은 청소년기를 지나는 자녀들이 무엇인가를 더 많이 배웠으면 좋겠다고 생각합니다. 뇌의 회전 능력과 암기 능력이 월등한 시기인 만큼 외국어도 다양하게 배우고, 책도 많이 읽고, 운동도 열심히 하고, 악기도 배우면 좋겠다고 바랍니다. 이 모든 게 자녀가 어른이 되었을 때 그들을 지탱해주는 자산이 된다고 믿으면서요.

부모님들의 가장 큰 걱정이 무엇일까요? 돈을 더 많이 버는 것일까요, 더 멋진 직업을 갖는 것일까요? 놀랍게도 부모님들은 청소년 자녀

청소년은 무엇이든 신나게 배울 수 있습니다.

가 자신의 미래에 대해서 아무 생각 없이 살면서 그 시기에 배워야 할 것들을 배우지 못할까 봐 걱정을 많이 했습니다. 본인들의 미래보다 자녀의 미래를 더 걱정하는 거죠. 그러나 자신의 미래를 생각하지 않는 청소년은 없습니다. 모두 나중에 커서 좋은 어른이 되고 싶어 하고, 남에게 민폐를 끼치기보다는 도움을 주며 사는 멋진 삶을 꿈꾸죠.

청소년 시기는 인생의 전 과정을 통해서 가장 배우기를 좋아하고 잘 배우는 시기입니다. 그중에서도 13~15세인 중학생 시기는 기적을 부를 정도로 눈부시게 성장하고 잘 배우는 시기예요. 교육심리학자 비고츠키는 이 시기를 '지적 혁명기'라고 표현했습니다. 아주 빠르게 배우고 정확히 배우며, 놀라운 성장이 일어나는 시기라는 의미입니다.

어린 시절의 지적 기반을 '기억'이라고 한다면, 청소년 시절의 지적 기반은 '사고력'이라고 할 수 있습니다. 사고력은 단순한 기억이 아니라 사물의 이치를 궁리하고 탐구하며 깨닫는 능력입니다. 단순히 기억하는 것을 넘어서 자신의 지식과 경험을 연결하며 생각 속으로 빠져들면서 판단하는 것입니다.

그런데 이렇게 변화하는 와중에 일시적으로 혼란이 일어나기도 합니다. 자기 생각에 빠져서 부모님의 말을 건성으로 듣는 일도 자주 벌어지죠. 때로는 심부름을 가다가 뭘 사 오라고 했는지 잊어버려서 다시 와서 물어보는 경우도 있습니다. "너는 정신을 어디 두고 다니냐?" "아까 말할 때 안 들었던 거냐?" 같은 꾸지람은 흔한 일이죠. 책상 위나 방 정리를 잘 못하고 어지럽혀서 부모님으로부터 '정말 한심하다.' '청소도 못 한다.' '도대체 무슨 생각을 하고 사는지 모르겠다.' 등등 갖은

구박을 받을 수도 있습니다.

　많은 사람이 이 시기를 불안하고 불안정한 시기, 흔들리는 시기, 중2병이라고도 표현합니다. 그러나 이 시기에 실은 청소년의 뇌가 가장 열심히 배우고 있답니다. 신체적으로나 정신적으로나 빛나는 발달이 일어나는 정말 멋진 시기죠.[1]

1　진보교육연구소 비고츠키교육학실천연구모임 지음, 『관계의 교육학, 비고츠키』 살림터(2015), p.189.

06

괜찮다, 다 괜찮다

실망해도 괜찮아

"너에게 실망이다."

"그럴 수도 있지요."

"그게 무슨 말이냐?"

"실망할 수도 있겠지요."

"그걸 말이라고 해?"

"엄마와 나는 각자 다른 사람이니까요."

"이제 꼬박꼬박 말대답까지 하냐!"

"나름대로 열심히 살아가겠습니다."

부모님의 기대와 나의 현실은 당연히 일치하지 않습니다. 그러니 부모님께서 실망한다고 해서 자책하고 자신에게 화를 낼 일은 아닙니다. 부모의 기준과 기대는 부모의 것일 따름입니다. 여러분 자신의 것은 아니지요. 어떤 사람도 다른 사람의 기대에 따라서 살아야 할 의무는 없습니다. 다만 부모님께서 소중하게 돌봐주셔서 이만큼 자랐으니, 자신을 소중하게 여겨야 한다는 것을 기억합시다. 다른 사람에게 피해를 주지 않고 나름대로 살아가겠다는 생각, 나름대로의 기준을 가지고 살아가겠다는 결심, 그리고 나는 소중한 사람이라는 깨달음만 있으면 됩니다.

부모님은 나의 어린 시절 모습이나 어떤 싹을 기억하여 기대를 품을 수 있습니다. 이 말은 곧 현재의 내 모습에 실망할 수도 있다는 뜻인데요. 왜냐하면 거의 모든 부모가 어린 자녀에게서는 천재의 순간을 발견하기 때문입니다. 그렇다고 해서 내 자신을 부모님이 바라는 모습으로 바꿀 수는 없습니다. 불가능한 일이지요.

우리는, 특히 가족은 서로를 인정하고 존중하면서 살아가야 합니다. 부모님께서 실망하셔도 할 수 없어요. 부모님의 기대를 저버리지 않겠다면서 억지로 매달리는 것이 과연 나 자신에게 좋은 선택일까요? 곰곰이 살펴보아야 할 문제입니다. 다른 사람의 기대에 맞춘다는 것은 어쩌면 자신의 본모습을 인정하지 못하는 것일 수도 있습니다. 더 넓은 관점으로 보면 부모님께서 실망하셔도 여러분만의 길을 찾는 것이 바람직합니다. 나는 나대로 살아가겠다는 생각으로 나의 믿을 만한 점을 찾고 그것을 더욱 발전시키고 성장시키는 데 관심을 기울였으면 좋겠습니다.

이번에는 거꾸로 생각해볼게요. 여러분이 부모님을 바라보고 대하는 태도도 마찬가지입니다. 부모님의 말과 행동도 청소년이 된 여러분의 기대와 바람에 못 미칠 수 있고, 따라서 부모님께 실망할 수도 있습니다. 어른들도 나름대로 사회생활을 하느라 여러 어려움에 시달립니다. 일을 하고 돈을 벌고, 가족을 챙기다 보면 자신을 돌볼 겨를이 없어요. 여러분이 학교생활과 공부, 친구 문제 등으로 정신없이 바쁜 날들을 보내는 것과 똑같습니다. 그러다 보면 부모님의 모습이 여러분의 기대와 다를 수 있죠. 이럴 때는 불평하지 말고 부모님의 한계를 이해하려고 노력하면 좋겠습니다.

누구에게나 부족한 점도 있고, 약점도 있고, 단점도 있습니다. 완벽한 사람은 없잖아요? 그렇다고 해서 전적으로 다른 사람의 기대와 가치관에 맞출 필요는 없습니다. 우리는 다른 사람을 만족시키려고 태어난 것도 아니고, 남에게 잘 보이거나 좋은 평가를 듣기 위해 하루하루 살아가는 것도 아닙니다. 나에게 주어진 귀한 인생을 최선을 다해 건강하고 즐겁게, 가급적 다른 이를 배려하면서 가치 있게 살아갈 따름입니다.

인간은 자신이 좋아하는 것을 선택하고 경험하는 과정을 통해서 여러모로 변화합니다. 다양한 경험이 쌓여 속 깊은 어른이 되는 거죠. 청소년 시기인 지금은 여러 가지로 부족한 게 많을 겁니다. 불안해하지 마세요. 걱정하거나 위축될 필요도 없습니다. 앞으로 살아가는 동안 그 많은 부족함이 채워져서 멋진 어른이 될 테니까요.

실수해도 괜찮아

A는 시험답안지 마킹을 잘못했어요. 한 줄씩 밀리는 바람에 시험을 망쳤습니다. B는 체육 시간에 발목을 삐어서 중요한 캠프에 참가하지 못하게 되었습니다. C는 친구에게 사정하여 귀한 악기를 빌려왔는데 떨어뜨리는 바람에 공연도 못 하고 비용만 물어주게 되었습니다. 누구든 뜻하지 않은 실수로 눈앞이 캄캄한 상황에 처할 수 있습니다. 또 어떤 날은 꿈인지 생시인지 헷갈릴 만큼 한꺼번에 불운이 밀려들기도 하죠. '지독히 운도 없구나!'라는 생각에 미칠 지경인데, 엄마는 그런 내 모습을 보고 한숨만 쉽니다.

이런 상황에서도 때가 되면 어김없이 배가 고픕니다. 냉장고에서 먹을 것을 꺼내서 먹고 있는데 엄마가 옆에 앉습니다. 민망해서 엄마를 보며 웃었더니, "너 지금 제정신이냐?"고 하면서 혼을 냅니다.

"이제 어쩔 거야?"

"그러게요."

"너 아주 태평하구나."

"…."

"이 상황이 어떤 상황인지 모르겠냐?"

"알아요. 안다고요."

"너 지금 화를 내는 거야?"

"일부러 그런 것은 아니잖아요." "나도 안다고요." "그래서 어쩌라고요."라는 말이 목까지 올라옵니다. 모든 것을 때려치우고 싶은 기분입니다. 이런 경우에는 어떻게 하면 좋을까요?

부모님에게 솔직하게 "저도 지금 많이 힘들어요." 또는 "좀 쉬고 나서 이야기하면 좋겠어요."라고 말씀드리세요. "잘해보려고 했는데 걱정을 끼쳤습니다."라고 말씀드려도 좋고요.

"이제 어쩔 거야?"

"…."

"너는 아주 태평하구나."

"잘해보려고 했는데… 실수로…."

"어떻게 하면 좋겠냐?"

"지금은 아무 생각이 안 나요. 이런 문제가 반복되지 않도록 노력할게요."

"그래 너도 힘들겠구나. 일단 쉬고 다시 이야기하자."

이렇게 말해야 자신도 진정이 되고 부모님도 여러분의 마음을 이해하게 됩니다. 그러고는 밖으로 나가서 몸을 움직이고 좀 걸어보세요. 하늘도 보고 나무도 보고… 방에서 문을 닫고 누워 있는 대신 밖으로 나가서 걷기 시작하면 무너졌던 마음이 회복됩니다. 새로운 에너지가 서서히 깊은 곳에서부터 차오릅니다. 그러면 된 거예요. 힘들어도 시간은 흐르고 삶은 계속됩니다. 배가 고프면 먹어야 하고, 아침이 되면 또 하루가 시작되는 것입니다.

실수를 인지하는 순간 인간의 뇌는 놀라울 만큼 차분하게 생명을 유지하기 위해서 노력합니다. 아주 놀라운 생존전략을 구사하는 것인데, 우선 뇌의 여러 부분에서 어려움을 겪게 된 상황에 관련된 정보를 모두 대뇌로 보냅니다. 대뇌에서는 이러한 정보를 모아서 실패의 원인을 분석합니다. 같은 실수를 되풀이하지 않기 위해서 소뇌와 두정엽 등 여러 영역을 담당하는 뇌세포들과 다양한 상호작용을 거쳐 피드백을 하죠. 그런 다음 종합적으로 판단을 내리고 좀 더 섬세하게 해결해야 할 문제들을 기억하고 저장합니다. 이때, 우리의 뇌는 어떤 점이 강점이 있고 어떤 점이 취약한지 판단하면서 대응력을 갖추게 됩니다. 한층 유능해지는 것이지요.

자신의 실수를 인정하고 극복하는 과정엔 좋은 점이 또 있습니다. 실수하는 다른 사람의 심정을 이해하고 공감하는 능력이 풍부하게 발달한다는 점입니다.

의견이 달라도 괜찮아

여러분은 부모님과 의견이 다를 때 어떻게 하나요? 말하기 귀찮아서 그냥 수용하나요? 아니면 듣기만 하고 흘려보내나요? 저는 여러분이 자신의 의견을 표현하는 것이 좋다고 생각합니다. 의사 표시는 누구나 생각이 다를 수 있다는 점을 서로 이해하고 인정하는 훈련의 시작입니다. 아무리 부모님이라 할지라도 나와는 다른 사람이기 때문에 생각이 다를 수 있습니다. 친구도 교사도 마찬가지죠. 다만, 생각과 의견이 다르다고 해서 화를 내거나 무시하지 않아야 합니다. 다른 의견을 받아들이고 자기 생각을 확실하게 표현하려면 어떻게 해야 할까요?

"이번에는 아빠 말 들어!"

"네가 세상을 잘 몰라서 그래. 그런 일로는 먹고살기 힘들어."

"너 지금 반항하는 거냐?"

"엄마 의견을 무시하는 거냐?"

"왜 사사건건 엇나가는데?"

> "다 너 잘되라고 하는 말이라고!"
>
> "어떻게 그렇게 생각이 없냐!"
>
> "그렇게 해서 뭐가 되겠냐. 공부를 하려면 좀 제대로 하라고!"

부모님으로부터 나를 무시하거나 명령하는 듯한 말을 들으면 화가 나고 순간적으로 무력감을 느낍니다. 비참하다는 생각도 들지요. 사사건건 끼어들어서 훈계하는 부모님이 원망스럽기도 합니다. 그런데 매사 부모님의 결정에 따라 움직이다 보면 생활에 재미가 없고 활기도 없어집니다. 어떤 때는 '내가 뭐 부모님이 시키면 시키는 대로 다 하는 로봇인가?' 하는 자괴감도 생기지요.

홍, 듣고 싶지 않아요.

부모님들은 왜 그럴까요? 여러분을 싫어하거나 미워해서 그러는 것일까요? 아닙니다. 그분들은 나름대로 세상을 살아봐서 자녀가 보다 안전한 길을 선택하기를 바라는 마음으로 그렇게 하는 것입니다. 그러니 나를 위하는 마음은 인정하되, 나와 생각이 다르다는 점에 집중해서 의견을 말하는 것이 좋습니다.

"저는 생각이 다릅니다. 조금만 더 지켜봐주세요."

"엄마 아빠가 저를 위해서 하는 말이라는 것은 알아요."

"저도 생각 좀 해볼게요."

"부모님이 원하시는 일보다 다른 일을 하고 싶어요."

"일단 제 나름대로 해보고 나중에 의논드릴게요. 그때 도와주세요."

이런 식으로 여러분의 생각을 표현하는 것은 어때요? 말없이 화를 내거나 방문을 꽝 닫고 들어가는 것보다 중요한 것은 화를 내지 않고 자기 의견을 말할 수 있는 '힘'을 기르는 일입니다.

부모님은 청소년 시절에 자기 의견을 당당히 말하거나 어른들의 의견을 대놓고 거절하지 못했을 것입니다. 세대가 완전히 다르잖아요? 그러니 "부모님과 나는 생각이 다르다."는 자녀의 말을 들으면 일단 놀랍니다. 한편으로는 고분고분 순종하던 자신의 과거와 지금의 상황이 비교되면서 "네가 뭘 아느냐?" "건방지다"와 같은 말을 쏟아낼 수도 있어요. 섭섭하니까요. 그런데 여러분, 그거 알아요? 이렇게 말씀하시는 부모님의 마음 한구석에 자기 생각을 표현할 수 있을 만큼 잘 자란 자녀를 기특하게 여기는 대견함, 또 이제는 걱정 안 해도 되겠다는 믿음이 자라고 있다는 것을요.

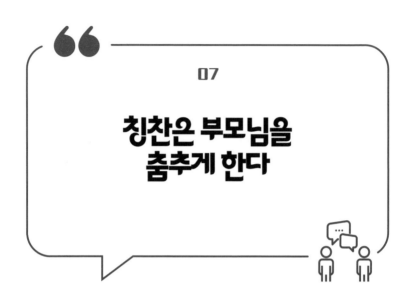

07

칭찬은 부모님을
춤추게 한다

칭찬을 들으면 부모님도 즐거워

칭찬을 받으면 즐겁지요? 청소년들은 부모님으로부터 칭찬을 받으면 즐겁고, 자기 자신이 더욱 소중하게 느껴지며, 앞으로 더 잘 살아야겠다는 생각이 든다고 합니다. 부모님은 자녀에게 칭찬을 들으면 어떤 마음이 들까요? 즐겁지 않을까요?

부모 연수에서 자녀에게서 어떤 칭찬을 받았는지 이야기를 나눈 적이 있습니다. 한 아버지는 딸과 나눈 대화를 소개했습니다. 중학생 딸이 어느 날 아침에 "학교 다녀오겠습니다."라고 인사를 하는데, 너무 대견하고 예뻐서 "우리 딸이 누구를 닮아서 이렇게 이쁠까!"라고 말했다고 합니다. 그러자 딸이 "아빠를 닮았지요."라고 대답하더래요. 아빠는 "아빠가 그리 잘 생기지도 못했는데 닮았다고 해줘서 고마워."라고 말했답니다. 그러자 딸은 "우리 아빠가 얼마나 잘생겼는데요. 아빠 웃는 모습은 진짜 멋져요."라고 대답하더래요. 그 후로 아빠는 거울을 볼 때마다 딸의 칭찬이 떠올라서 웃게 되었다고 합니다.

부모님에 대한 자녀의 칭찬은 부모님들에게 특별한 감동을 주는 것 같습니다.

부모님들은 청소년 자녀에게서 칭찬을 받으면 즐겁기도 하고, 뭔가 가슴이 찡하고 더 잘해주고 싶은 마음이 들고, 살아오면서 겪었던 여러 가지 일들에 대한 자부심도 생긴다고 하십니다.

일상생활에서 발견하고 느낀 사실이나 마음을 말로 칭찬하고 감사를 표현하는 것은 평소의 관심과 애정을 반영하기에 감동적인 것 같습니다. 칭찬의 말을 한다는 것은 그만큼 본인에게 상당한 확신이 있다는 뜻이니까요.

청소년 시기는 어린 시절에 비해 엄청 빠르게 성장하느라 혼란도 많습니다. 부모님이나 가족과도 크고 작은 갈등을 겪을 수 있어요. 부모님은 부모님대로 청소년 자녀와의 소통이 잘 안된다면서 어려움을 느낄 수 있고요. 청소년들의 성장에 칭찬이 필요한 것처럼 부모님들도 청소년 자녀의 칭찬을 받으면 위로가 되고 마음의 여유를 가질 수 있습니다.

물론 여러분 입장에서 부모님을 칭찬하는 게 좀 어색하고 부담스러울 수 있습니다. 어떻게 받아들일까 걱정할지도 모르고요. 그냥 무조건 용기를 내보세요. 부모님께 사랑한다고, 고맙다고 표현하고 부모님의 좋은 점을 찾아서 칭찬해드리세요. 칭찬은 듣는 사람의 마음을 즐겁게 변화시키기도 하지만, 칭찬의 말을 하는 사람도 즐겁게 해줍니다. 상대방을 칭찬하는 순간 서로의 마음이 열리고 서로가 소중한 사람이라는 사실을 확인하게 되니까요.

부모님을 칭찬하는 말들

부모님은 자녀들이 어떻게 칭찬할 때 감동하는지 살펴보겠습니다. 칭찬 표현을 살펴보면 부모님을 칭찬하는 것이 별로 어렵지 않다는 것, 그저 일상생활에서 느끼는 점들을 말로 표현하는 것으로 충분하다는 사실을 알게 될 것입니다. 어떤 표현들이 있는지 함께 볼게요.

❶ 우리 아들은 잠자기 전에 인사합니다. 아들은 자기 방에 있다가도 11시쯤 되면 꼭 나와서 인사를 하는데 그렇게 고마울 수가 없어요.
"엄마 아빠 사랑해요 안녕히 주무세요."
"그래 우리 아들 잘 자라. 고마워."
우리도 먼저 자게 되면 아들 방에 노크를 하고 들어가서 인사를 나누고 자러 갑니다.

❷ "엄마, 고마워요."

"뭐가? "

"그냥, 엄마 딸이라서 좋아요."

❸ "아빠 맛있어요."

"그래? 맛있게 먹어주니 고맙네."

"아빠는 요리 솜씨가 좋아요. 특히, 아빠가 해주시는 볶음밥은 언제나 맛있어요."

❹ "엄마 사랑해요."

"나도 "

"이 엄마에게 태어나서 다행이에요."

"정말? 고맙구나."

❺ "아빠 어디 나가세요?"

"응 친구들 모임에 가는데."

"와 아빠 멋져요. 그 색깔이 아빠한테 잘 어울려요."

"그러니?"

❻ "생일 축하해"

"저를 낳아주셔서 감사합니다."

❼ "아빠 생신 축하드려요."

"고맙다."

"아빠가 우리 아빠라서 좋아요."

❽ "엄마 왔다"
"잘 다녀오셨어요"
"오늘 날씨가 많이 춥구나."
"엄마 고생 많으셨습니다."

❾ "신발 하나 샀는데 마음에 들지 모르겠네."
"너무 마음에 들어요. 역시 우리 엄마 안목이 있으세요."

❿ "아빠랑 이야기하고, 마음이 좀 풀렸어요."
"다행이구나."
"내 말을 아빠가 잘 들어주시니까 마음이 편해졌어요."

⓫ "잘했구나."
"엄마 덕분이에요. "
"내가 해준 게 뭐가 있어서."
"제가 엄마 닮아서 끈기가 좀 있잖아요."

⓬ "결혼기념일을 축하드립니다."
"너희가 잘 커줘서 고마워."
"엄마 아빠가 지금까지 사이좋게 지내셔서 감사합니다."

⓭ "나는 엄마랑 생각이 달라요."
"그럴 수도 있지"
"엄마가 이해해주셔서 마음이 편해졌어요. 고맙습니다."

❹ "안녕히 주무셨어요?" "잘 주무셨어요?"

"굿모닝 엄마(아빠)!"

"좋은 아침"

(아침 인사를 하면서 하루를 시작하는 것이 좋습니다. 아침 인사
는 매일 들어도 기분이 좋습니다.)

❺ "고맙습니다."

"사랑합니다."

"엄마(아빠)가 좋아요."

"고생 많으셨습니다."

"친구들에게 친절하게 대해주셔서 감사합니다."

서로 칭찬하면 행복해집니다!

이런 말들은 아무리 들어도 질리지 않습니다. 모두를 행복하게 해주는 좋은 표현들이죠.

부모와 자녀는 가장 가까운 가족으로 일상적인 삶을 유지하는 가족입니다. 가족과의 대화에서 솔직하고 친절하게 대화하는 훈련이 되면 일상생활이 즐거워집니다. 가족과의 대화는 친구와 선생님 등 다른 사람도 더 잘 이해하고 좋은 관계를 맺을 수 있게 합니다. 의사소통 능력이 길러지는 것이지요. 청소년들에게 부모님의 칭찬과 응원이 마음 건강의 보약인 것처럼 부모님께서도 자녀의 칭찬과 응원을 들으면 마음이 즐겁고 행복하답니다.

응원하고 사랑합니다

사람은 대화를 통해서 서로 연결됩니다

대화란 다른 사람의 세상을 만나는 것입니다. 다른 사람의 생각을 이해한다는 것은 다른 세계를 받아들이는 일입니다. 이로써 내가 만나는 세상도 넓어집니다.

이 책에서 우리는 학교생활에서 만나는 친구들과 더 좋은 관계를 맺으려면 어떻게 대화해야 하는지 살펴보았습니다. 일상에서 함께 삶을 나누는 부모님과 대화하는 법도 살펴보았고요. 매일 만나는 가족과 친구도 진솔한 대화를 나누지 않으면 가까워지기 어렵지만, 상황에 따라 적절한 대화를 나누다 보면 더 좋은 관계를 맺을 수 있습니다.

청소년 시절에 '어떻게 말할까?' 하고 고민하는 것은 성장하는 과정에 꼭 필요한 일입니다. 청소년기에 친구와 부모님과 이야기하며 익힌 대화법은 성인이 되어 더 많은 사람을 만날 때 그대로 적용될 수 있기 때문입니다. 특히 청소년 시기는 몸과 정신이 활발하게 성장하는 시기이므로 이때 다양한 대화법을 잘 배워두면 큰 도움이 됩니다. 어른으로 성장하면서 생활 범위가 확대되면 다양한 분야에서 서로 다른 특성을 지닌 사람들을 만나게 됩니다. 예기치 못했던 상황에 처하기도 하고 난감한 경우를 만나기도 하겠죠. 그럴 때 청소년기에 배웠던 대화법을 활용하는 겁니다. 자신의 마음을 솔직하게 표현하면서도 상대방을 존중하는 친절한 대화법을 말이에요.

대화와 소통이 미래 교육입니다

대화 능력은 미래 교육에서 매우 중요하게 치는 요소입니다. 미래 교육을 언급할 때 자주 강조하는 '창의성'이니 '협력'이니 하는 것도 실은 따로따로 발달하는 능력이 아닙니다. 창의성과 협력 능력은 친구들과 만나서 대화하고 의견을 나누는 과정을 통해서 자라거든요. 이 책에서 살펴본 것처럼 여러분은 친구들과 함께 대화하고 서로 배우는 과정을 통해서 혼자서 공부할 때보다 훨씬 더 많은 성취를 이룰 수 있습니다. 다른 친구의 말에 귀를 기울이고 자기 경험과 생각을 나누면서 새로운 아이디어를 발견할 수도 있죠. 인간은 이처럼 대화를 통해서 다른 사람과 협력관계를 만들고 창의성을 계발할 수 있습니다. 대화와 소통이 미래 교육의 시작이라고 확신하는 배경이랍니다.

친구들과의 관계나 부모와의 관계는 '어떻게 말하느냐'에 따라서 좋아지기도 하고 나빠지기도 합니다. 가장 중요한 것은 다른 사람과의 관계에서 내 마음을 솔직하게 표현하는 일입니다. 그다음엔 상대방의 말을 잘 듣고 친절하게 생각을 나누는 것이고요. 사람과 사람 사이의 좋은 관계는 모두 이 과정을 통해서 이루어집니다.

이 책에서 저는 다양한 상황과 그 상황에 따른 사례를 제시하기 위해 노력했지만, 청소년 여러분이 만나는 상황은 이보다 훨씬 다채로울 것입니다. 그럼에도 이 책이 나와 다른 사람이 대화를 나눌 때 필요한 기본원리를 이해하는 데 작으나마 도움이 된다면 글을 쓴 사람으로서 참 기쁠 것입니다.

고맙습니다.

[서적]

강부미 지음, 『가르침을 멈추니 배움이 왔다』 에듀니티(2021)

박미자 지음, 『중학생 기적을 부르는 나이』(개정판), 들녘(2023)

박미자 지음, 『중학생, 아빠가 필요한 나이』 들녘(2014)

박미자 지음, 『부모라면 지금 꼭 해야하는 미래교육』 위즈덤 하우스(2018)

요하임 바우어 지음, 이미옥 옮김, 『공감의 심리학』 에코리브르(2006)

제니퍼 프레이저 지음, 정지호 옮김, 『괴롭힘은 어떻게 뇌를 망가뜨리는가』 도서출판 수픈 숲 심
(2023)

진보교육연구소 비고츠키교육학실천연구모임 지음, 『관계의 교육학, 비고츠키』 살림터(2015)

토마스 고든 지음, 이훈구 옮김, 『부모역할 훈련』 양철북(2002), 자신의 감정을 표현하는 '나 전달
(I-Message).'

황지현 지음, 『욕하는 내아이가 위험하다』 팬덤북스(2014)

[인터넷]

뇌의 기능과 구조

HYPERLINK "https://www.amc.seoul.kr/asan/healthinfo/body/bodyDetail.do₩?bodyId=15"https://
www.amc.seoul.kr/asan/healthinfo/body/bodyDetail.do?bodyId=15

거울신경세포(위키백과)

제이콥(2023. 9.25), 제이콥의 축구이야기

조규성 인스타그램